E-Bilanz

Benjamin Feindt • Nils Johannsen

E-Bilanz

Leitfaden mit neuem DATEV-Konten-
rahmen zur Einführung in Unternehmen

 Springer Gabler

Benjamin Feindt
Nils Johannsen
Flensburg, Deutschland

ISBN 978-3-8349-3382-9   ISBN 978-3-8349-3829-9 (eBook)
DOI 10.1007/978-3-8349-3829-9

Die Deutsche Nationalbibliothek verzeichnet diese Publikation in der Deutschen Nationalbibliografie;
detaillierte bibliografische Daten sind im Internet über http://dnb.d-nb.de abrufbar.

Springer Gabler
© Gabler Verlag | Springer Fachmedien Wiesbaden 2012

Lektorat: Anna Pietras
Einbandentwurf: KünkelLopka GmbH, Heidelberg

Gedruckt auf säurefreiem und chlorfrei gebleichtem Papier

Springer Gabler ist eine Marke von Springer DE. Springer DE ist Teil der Fachverlagsgruppe Springer
Science+Business Media.
www.springer-gabler.de

Vorwort

Die Finanzverwaltung möchte mit der Einführung der sogenannten E-Bilanz eine weitere Stufe des E-Governments erklimmen. Nach dem Willen der Finanzverwaltung sollen zukünftig sämtliche Unternehmensdaten, die für das Besteuerungsverfahren notwendig sind, elektronisch übermittelt werden. Diese elektronisch übermittelten Daten werden anhand bestimmter Risikokriterien gefiltert und ausgewertet. Des Weiteren werden Daten untereinander verglichen (z. B. innerhalb der Branche oder im Jahresvergleich). Damit steht die Einführung der E-Bilanz im Zusammenhang mit dem Ausbau des risikoorientierten Veranlagungsverfahrens, das Kapazitäten bei der Finanzverwaltung freistellen soll, da manuelle Vorgänge entfallen. Die so neu geschaffenen Kapazitäten stehen für eine zeitnahe Überprüfung risikobehafteter Fälle zur Verfügung.

Das vorliegende Werk ist eine Momentaufnahme der derzeit geltenden Gesetze, Richtlinien und Verwaltungsanweisungen. Zu erwarten ist, dass sich Teile der derzeit geltenden Materie in der Zukunft aufgrund der Praxiserfahrungen auf Seiten der Finanzverwaltung und Steuerpflichtigen noch ändern werden. Grundsätzlich ist unseres Erachtens aber eine Rückkehr zum alten Papiersystem ausgeschlossen und auch nicht förderlich, da – bei aller Kritik an der E-Bilanz – durchaus zu begrüßen ist, dass auf Seiten der Finanzverwaltung elektronische Systeme geschaffen werden, die die Gleichmäßigkeit der Besteuerung sicherstellen, um so insgesamt die Bemessungsgrundlage für das Steuersubstrat zu erhöhen.

Unser Werk soll als Leitfaden bei der Einführung der E-Bilanz dienen. Nach Erläuterung der gesetzlichen und technischen Grundlagen in den Kapiteln zwei und drei, werden im Kapitel vier Problembereiche bei der Anwendung identifiziert. Kapitel sechs bildet einen wesentlichen Kern des Buches. Hier werden Umsetzungsschritte bei der Einführung der E-Bilanz betrachtet. Zum Abschluss des Werkes werden die Chancen der E-Bilanz betrachtet und ein Blick über die Grenze gewagt um darzustellen, wie in Österreich und Dänemark die elektronische Übermittlung von Unternehmensdaten organisiert ist.

Ausdrücklich danken wir unserem Assistenten Markus Hansen, der uns bei der Erstellung dieses Werkes so engagiert unterstützt hat. Insbesondere seine umfangreichen Recherchen der naturgemäß noch sehr jungen Quellen waren äußerst hilfreich. Für seinen weiteren Ausbildungs- und Berufsweg wünschen wir ihm alles Gute und viel Erfolg. Des Weiteren möchten wir unserem Kollegen Harald Maser danken, der uns bei den Branchentaxonomien für Banken und Versicherungen tatkräftig unterstützt hat.

Wir freuen uns über kritische Anmerkungen aus dem Leserkreis, um unser Werk kontinuierlich zu erweitern. Daher sind wir insbesondere sehr dankbar über Praxiserfahrungen von Unternehmen, Steuerberatern oder Wirtschaftsprüfern – seien sie fachlicher oder technischer Art.

Inhalt

E-Bilanz – warum das Ganze?

1

1.1 Teilbereich des E-Governments

Der Begriff Electronic Government (E-Government) umfasst alle Prozesse der öffentlichen Willensbildung, der Entscheidungsfindung und Leistungserstellung in den Bereichen Politik, Staat und Verwaltung, welche durch Informations- und Kommunikationstechnologie (IKT) unterstützt werden [1]. Bereits realisierte E-Government Projekte sind die elektronische USt-Voranmeldung und Zusammenfassende Meldung (§ 18 Abs. 1 UStG und § 18a Abs. 1 Satz 1 UStG), die elektronische Lohnsteuer-Anmeldung (§ 41a Abs. 1 Satz 2 EStG) sowie die elektronische Kapitalertragssteueranmeldung (§ 45a Abs. 1 Satz 1 EStG) [2].

Weitere Bausteine des E-Governments sind die elektronische Steuererklärung (§ 25 Abs. 4 Satz 1 EStG), welche ab dem VZ 2011 anzuwenden ist, oder die Erklärung zur Festsetzung des GewSt-Messbetrags oder Zerlegungserklärung (§ 14a Satz 1 GewStG), die ab dem Erhebungszeitraum 2011 anzuwenden ist [3].

Analog zur elektronischen Übermittlung von Bilanz sowie Gewinn und Verlustrechnung sieht § 60 Abs. 4 EStDV ab dem 1. Januar 2011 auch die elektronische Übermittlung der Gewinnermittlung gemäß § 4 Abs. 3 EStG vor.

Es gibt jedoch auch Negativbeispiele für das E-Government: Der elektronische Entgeltnachweis (ELENA) wurde zum 1. Januar 2010 eingeführt mit dem Ziel Bürokratiekosten zu senken und eine rechtssichere Kommunikation zu ermöglichen. Am 4. November 2011 beschloss der Bundesrat indes das Gesetz zur Aufhebung der ELENA, um die ursprüngliche Gesetzeslage wiederherzustellen.[1]

Die elektronische Bilanz zählt als Baustein des Steuerbürokratieabbaugesetzes (SteuBAG) zum E – Government. Mit diesem Gesetz wird die Prozessoptimierung des öffentli-

---

[1] Vgl. (Betreiber der Internetpräsenz ist der Deutsche Rentenversicherung Bund, 2011, ELENA-Verfahren wird noch vor Jahresende eingestellt.) www.das-elena-verfahren.de/einstellung-und-loeschung/elena-verfahren-aufgehoben. Zugegriffen: 30. November 2011.

B. Feindt, N. Johannsen, *E-Bilanz*, DOI 10.1007/978-3-8349-3829-9_1,
© Gabler Verlag | Springer Fachmedien Wiesbaden 2012

chen Verwaltungsapparates angestrebt. Der Besteuerungsprozess soll durch eine medienbruchfreie Bearbeitung verbessert und entbürokratisiert werden.

Das Augenmerk wird hierbei insbesondere auf das Bundesministerium der Finanzen gerichtet, da das deutsche Steuerveranlagungsverfahren als sehr bürokratieaufwendig gilt und dieser Bereich somit erhebliches Optimierungspotenzial besitzt. Eine Möglichkeit liegt in der umfassenden Nutzung der IKT.

„Elektronik statt Papier" ist das Motto des Gesetzgebers.[2] Das Steuerbürokratieabbaugesetz, welches Ende 2008 verkündet wurde und am 1. Januar 2009 in Kraft trat, ist ein großer Schritt in diese Richtung. § 5 EStG wird um § 5b EStG erweitert, welcher eine elektronische Übermittlung der Bilanz sowie der Gewinn- und Verlustrechnung vorsieht. Durch diese Änderung sollen nicht nur die Arbeitsabläufe der Finanzverwaltung optimiert werden. Auch Unternehmen sollen langfristig von geringeren Bürokratiekosten profitieren, heißt es in der Gesetzesbegründung.

Die Übermittlung der elektronischen Bilanz erfolgt im XBRL-Format. Dieses Format ist Unternehmen bereits aus der Übermittlung der Bilanz an den elektronischen Bundesanzeiger bekannt.

Mit der Einführung der elektronischen Bilanz ab dem 1. Januar 2012 verringern sich die Bürokratiekosten jedoch nicht sofort. Zu Beginn gilt es sogar, einen erhöhten Arbeitsaufwand einzukalkulieren, da die Umstellung auf eine elektronische Übermittlung nicht das Einscannen der Papierbilanz und deren Versand per Datenfernübertragung (DFÜ) umfasst. Der Umfang der zu übermittelnden Daten wird um ein Vielfaches erhöht. Es droht ein erheblicher Mehraufwand auf Seiten der Unternehmer.

Bei dieser Prognose werden sich Unternehmen an einen weiteren, weniger erfolgreichen Teil des E-Governments erinnern. Das fehlgeschlagene Projekt ELENA beispielsweise, welches eine Reduzierung der Bürokratiekosten in Millionenhöhe pro Jahr in Aussicht stellte und am 1. Januar 2010 eingeführt wurde. Es gestaltete sich in der Praxis als schwierig, ELENA zu etablieren, da die flächendeckende Verbreitung der qualifizierten Signatur nicht in dem benötigten Umfang vorhanden war.[3] Die Datensicherheit der gespeicherten Datensätze war ebenfalls ein brisanter Punkt in der Diskussion um ELENA. Denn die gespeicherten Daten über den Arbeitnehmer bieten ein hohes Missbrauchspotenzial [4]. Am 4. November 2011 beschloss der Bundesrat das Gesetz zur Aufhebung des ELENA. Bis zur Verkündung des Gesetzes am 2. Dezember 2011 bestand jedoch noch die Pflicht zur Übermittlung der ELENA-Datensätze [5]. Seit dem 3. Dezember 2011 sind die Arbeitgeber davon entlastet.

Auch in Bezug auf die elektronische Bilanz bestehen weiterhin viele Bedenken, ob es tatsächlich zu einer Erleichterung kommen wird. Der Präsident der Bundessteuerberaterkammer Dr. Horst Vinken äußerte sich unter anderem auch kritisch gegenüber der elektronischen Bilanz und forderte eine Änderung nach Beendigung der Pilotierungsphase. Es

---

[2] Vgl. (Deutscher Bundestag 2008, BT-Drucksache 16/10188).

[3] Vgl. (Betreiber der Internetpräsenz ist der Deutsche Rentenversicherung Bund, 2011) www.das-elena-verfahren.de. Zugegriffen: 30. November 2011.

sei zu hoffen, dass es nicht zu einem zweiten ELENA komme [6]. Dies wäre ein weiterer Fehlschlag für das E-Government: ein Vorhaben, das ursprünglich eine Erleichterung für Unternehmen und Finanzbehörde bringen sollte, sich in der Praxis jedoch als Mehrbelastung für die Wirtschaft herausstellte. In einer Stellungnahme des Normenkontrollrats (NKR) zum Steuerbürokratieabbaugesetz 2008 äußert sich dieser auch zum Mindestumfang der elektronischen Bilanz und Gewinn- und Verlustrechnung. Bei einer Ausweitung des Umfanges der zu übermittelnden Daten bestehe die Gefahr, neue Bürokratiekosten zu schaffen und nicht die vorhandenen Bürokratiekosten abzubauen.[4]

Im internationalen Vergleich befindet sich Deutschland im Prozessstand des E-Government im Mittelfeld. Als Grund für das Ausbleiben einer besseren Positionierung wird hauptsächlich der fehlende Bekanntheitsgrad der Angebote der Behörden genannt. Auch die Sicherheitsbedenken stellen für viele Bürger ein Hemmnis zur Nutzung von Online-Portalen zur Kommunikation mit den staatlichen Behörden dar. Hauptsächlich der jüngere Teil der Bevölkerung nutzt momentan Angebote behördlicher Dienste per Online-Portal.[5] Als internationale Vorreiter im E-Government gelten Österreich und Schweden, welche das Potenzial der elektronischen Übermittlung von Daten bereits intensiver ausschöpfen als es in Deutschland der Fall ist. Vor allem eine benutzerfreundlichere Oberfläche ermöglicht eine umfassende Nutzung der Online-Dienstleistungen (Userfreundlichkeit). In Österreich können alle für eine Unternehmensgründung benötigten Formulare elektronisch ausgefüllt und versendet werden.[6]

Auch in Zukunft wird es im Zuge des E-Government weitere Projekte geben, die es Bürgern und Unternehmen ermöglichen sollen, durch intensivere Einbeziehung der IKT eine verbesserte Kommunikation mit den behördlichen Organen zu erreichen. Dies soll durch eine stärkere Einbeziehung des Bundesamts für Sicherheit in der Informationstechnik (BSI) erfolgen. Durch diese engere Zusammenarbeit soll eine bessere Sicherheit der gespeicherten Daten gewährleistet werden, Vertrauen bei den Bürgern schaffen und so für eine breitere Akzeptanz der E-Government Projekte in der Bevölkerung und unter den Unternehmen sorgen. Userfreundlichkeit und das „Look-and-Feel" der staatlichen Angebote werden wie im Privatsektor entscheidend für die Akzeptanz neuer Angebote sein.[7]

---

[4] Vgl. (Deutscher Bundestag 2008, BT-Drucksache 16/10188, Stellungnahme des Nationalen Normenkontrollrates).

[5] Vgl. (Beck-Aktuell-Redaktion 2008, Studie belegt: Deutschland bei E-Government nur im Mittelfeld).

[6] Vgl. (Capgemini, IDC, Rand Europe, Sogeti and DTi 2010, Digitizing Public Services in Europe: Putting ambition into action. Im Verweis auf Capgemini 2011, eGovernment: Österreich verteidigt seinen Spitzenplatz).

[7] Vgl. (Capgemini, IDC, Rand Europe, Sogeti and DTi 2010, Digitizing Public Services in Europe: Putting ambition into action. Im Verweis auf Capgemini 2011, eGovernment: Österreich verteidigt seinen Spitzenplatz).

1.2   Die E-Bilanz als Teilprojekt des KONSENS

Das Bundesfinanzministerium beschloss im Juni 2005 die Einführung einer Grundlage zur Softwareentwicklung für die Steuerverwaltung. Mit dem Vorhaben KONSENS (**Ko**ordinierte **Ne**ue **S**oftware-**En**twicklung der **S**teuerverwaltung) soll eine einheitliche Besteuerungssoftware für alle Bundesländer in Deutschland geschaffen werden. Ein jeweiliges Projekt wird von einem Bundesland geleitet, entwickelt und nach Vollendung in allen weiteren Bundesländern eingesetzt. Während des Entwicklungsprozesses können weitere Bundesländer zur Hilfe herbeigezogen werden. Eine einheitliche Besteuerungssoftware setzt bestimmte Grundlagen in den Finanzbehörden voraus. Im Vorhaben KONSENS gibt es drei Kernverfahren, welche zur Informationsverwaltung der Daten des Steuerpflichtigen benötigt werden. Diese drei Kernverfahren sind: Grundinformationsdienst Steuer (GINSTER), Einheitliches länderübergreifendes Festsetzungsverfahren (ELFE), Bundeseinheitliches integriertes evolutionäres neuentwickeltes Erhebungsverfahren (BIENE). Ein bereits realisiertes Projekt des Vorhabens KONSENS ist die Länderumfassende Namensabfrage (LUNA). LUNA ist ein Abfragesystem, welches es der Finanzbehörde gestattet, eine bundesländerübergreifende Abfrage von Daten zur Umsatzsteuerbetrugsbekämpfung vorzunehmen.[8] Im Zuge des E-Government integrierte sich KONSENS in die Entwicklung des bereits etablierten Verfahrens zur Elektronischen Steuererklärung (ELSTER). Seit 2006 besteht die Möglichkeit der elektronischen Übermittlung von Steuererklärungen an die Finanzbehörde. Bis zum Jahresbeginn 2012 soll die KONSENS Stufe I realisiert werden. Dies umfasst weitestgehend die bundesweit einheitliche Nutzung von Soft- und Hardwarelösungen für die Steuerverwaltung in der Finanzbehörde. Zum Jahr 2012 werden sich 15 von 16 Bundesländern dem EOSS-Verbund (Evolutionär orientierte Steuersoftware) angeschlossen haben. Ein Schritt zur Vereinheitlichung der Soft- und Hardwarelösungen der bundesweiten Finanzämter wird damit erreicht.[9] Für die Zukunft sind weitere Projekte geplant, die eine medienbruchfreie Bearbeitung von Unterlagen im Besteuerungsverfahren vorantreiben. Es wird ab 2012 das Verfahren GINSTER in allen Bundesländern eingeführt. Die beiden weiteren Kernverfahren ELFE und BIENE sollen bis 2015 fertig entwickelt werden.

Das Ziel der Politik, so ein BMF-Schreiben, sei im Rahmen der Modernisierung der Steuerverwaltung der Länder eine elektronisch bereits vorausgefüllte Steuererklärung, welche dem Bürger vorgelegt werden kann. Zur Realisierung müsse die Finanzbehörde die vorhandenen Daten in die Steuererklärung einfügen und dem Steuerpflichtigen in elektronischer Form bereitstellen. Im Zuge dieser Zielsetzung werde im Vorhaben KONSENS be-

---

[8] Vgl. (Bundesministerium der Finanzen, Monatsbericht Juni 2011, Vorhaben KONSENS: „2 Was ist in KONSENS bisher erreicht worden?").

[9] Vgl. (Oberfinanzdirektion Karlsruhe 2011, Die baden-württembergische Steuerverwaltung stellt ihre EDV um).

reits an einer Grundlage zur Entgegennahme und Weiterverarbeitung von elektronischen Belegen gearbeitet.[10]

Auch die E-Bilanz ist ein Teilprojekt von KONSENS. Es galt, eine Lösung zur elektronischen Übermittlung der Daten an die Finanzbehörde zu finden. Verschiedene Lösungsansätze aus anderen Staaten waren bereits vorhanden. Es wurde sich für die Übermittlung eines Datensatzes im XBRL-Format entschieden, welcher einen Mindestumfang enthält. Als fachliche, technische und organisatorische Umsetzer in diesem Projekt fungieren die Bundesländer Nordrhein-Westfalen und Bayern. Im ersten Halbjahr 2011 fand eine Pilotierung zur elektronischen Übermittlung der Bilanz und Gewinn- und Verlustrechnung (§ 5b Abs. 1 EStG) statt. Ursprünglich war eine Pilotierungsphase vom 1. Februar 2011 bis 30. April 2011 geplant. Der Annahmezeitraum für Datensätze wurde um zwei Monate bis zum 30. Juni 2011 erweitert. Den Unternehmen wurde die Möglichkeit gegeben, sich freiwillig an der Pilotierung zu beteiligen und ihre Bilanz sowie Gewinn- und Verlustrechnung samt Stammdatensatz nach § 5b EStG elektronisch zu übermitteln. Die Übertragung erfolgte anhand der zum 16. Dezember 2010 bekanntgegebenen Taxonomie zur Pilotierung. Aus der Pilotierung gewonnene Erkenntnisse flossen in die überarbeitete Taxonomie ein, welche am 14. September 2011 unter http://www.esteuer.de veröffentlicht wurde. Diese Taxonomie ist verpflichtend für Wirtschaftsjahre, welche nach dem 31. Dezember 2011 beginnen, anzuwenden und behält ihre Gültigkeit, bis eine aktuellere Taxonomie veröffentlicht wird. Es ist jedoch hervorzuheben, dass nur die Kerntaxonomie (und nicht die branchenspezifischen Taxonomien) während der Pilotierung zum Einsatz kam. Dies grenzte die freiwillig teilnehmenden Unternehmen auf solche, die nach Regel-Rechnungslegungsvorschriften nach HGB handeln, ein. Insgesamt wurden während der Pilotierungsphase 406 Test-Steuernummern vergeben. Dies geschah teilweise auf Vorrat, oder es wurde vom Unternehmen und zuständigen Steuerberater jeweils eine Test-Steuernummer beantragt. Diese Faktoren führten zu einer Abweichung an aktiven Teilnehmern von der Anzahl der vergebenen Test-Steuernummern, trotz der Vergabe einer Test-Steuernummer wurden teilweise keine Datensätze übermittelt. Im Zeitraum der Pilotierungsphase nahmen 84 Unternehmen teil. Während der Pilotierungsphase wurden insgesamt 68 Datensätze und 54 Evaluierungsbögen übermittelt.

Nach Beendigung der Pilotierungsphase begann die Projektgruppe des Vorhabens KONSENS mit der Auswertung und kam zu dem Ergebnis, dass die elektronische Bilanz teilweise bereits erfolgreich umgesetzt wurde, jedoch einige Unternehmen noch Zeit für die Umstellung auf den elektronischen Datentransfer der Bilanz und Gewinn- und Verlustrechnung, sowie den notwendigen Anhängen, benötigen. Einige Unternehmen konnten erfolgreich ihre Daten übermitteln, anderen gelang dies nicht. Ist die Übertragung erfolgreich verlaufen, so wurde automatisch ein Transfer-Ticket im PDF-Format ausgestellt und dem übermittelnden Unternehmen zur Verfügung gestellt. Ein Evaluierungsbogen musste mit einem Transferticket zusammen übermittelt werden. Es wurden auch Datensätze

---

[10] Vgl. (Bundesministerium der Finanzen, Monatsbericht Juni 2011, Vorhaben KONSENS: „3. Was bringt die Zukunft").

übermittelt, welche nicht den von der Finanzverwaltung vorgegebenen Umfang enthielten. Teilweise ist es laut Projektgruppe auch zu Abweichungen in einigen Modulen gekommen. Wurde in den Stammdaten die Übermittlung eines Berichtsbestandteils angekündigt, war dieser nicht im übermittelten Datensatz vorhanden.

Aufgeführte Kritikpunkte der Pilotierungsteilnehmer in der Auswertung des Vorhabens KONSENS sind unter anderem das Fehlen von Auffangpositionen in der Taxonomie. Dieser Kritikpunkt wurde seitens des BMF zur Kenntnis genommen; die Taxonomie vom 14. September 2011 beinhaltet 32 weitere Auffangpositionen, um einen tieferen Eingriff in die Buchführung der Unternehmen zu vermeiden. Der Detaillierungsgrad der Taxonomie, welcher sich aus dem Mindestumfang ergibt, ist im Vergleich zu den in §§ 266 und 275 HGB geforderten Daten deutlich höher. Die Doppelabfrage von Daten ist ein weiterer Kritikpunkt der Pilotierungsteilnehmer: Es werden Daten zur Erstellung der elektronischen Bilanz abgefragt, welche auch in Steuererklärungen erneut zusammenzutragen sind.

Ungeachtet der aufgetretenen Probleme während der Pilotierungsphase wird am 1. Januar 2012 als Startdatum zur Einführung der E-Bilanz festgehalten. Jedoch besteht die Möglichkeit, für das Wirtschaftsjahr 2012 und bei abweichenden Kalenderjahren für das Wirtschaftsjahr 2012/13 eine Bilanz in Papierform einzureichen. Für diesen Zeitraum besteht laut BMF Schreiben vom 28. September 2011 eine Nichtbeanstandungsregelung.[11]

1.3   Risikoorientiertes Veranlagungsverfahren

Durch die Pflicht zur elektronischen Übermittlung von Bilanz und Gewinn- und Verlustrechnung bietet sich der Finanzbehörde die Möglichkeit, die Annahme der Daten effizienter zu gestalten und die eingegangen Daten in einem Risikomanagementsystem anschließend weiter zu verarbeiten. Rechtlicher Ausgangspunkt für ein Risikomanagement ist die Verordnungsermächtigung des § 88 Abs. 3 AO. Der Zielgedanke des Risikomanagementsystems ist die optimierte Nutzung der vorhandenen Ressourcen zur Betriebsprüfung und die Gewährleistung einer gleichmäßig und gesetzeskonform erhobenen Steuer. Grundlage hierfür ist die Taxonomie, welche von allen Unternehmen zu befüllen und vollständig an die Finanzbehörde zu übermitteln ist. Der empfangene Datensatz wird in eine Datenbank eingepflegt und kann bei Bedarf abgerufen werden. Im Anschluss können Mehrjahres- oder branchenspezifische Vergleiche durchgeführt werden. Anhand dieser Vergleiche kann die Finanzbehörde auf Eigenheiten der Branche und des Unternehmens aufmerksam werden und die Quote von Fehlhinweisen auf Betriebsprüfungen reduzieren. Besteht eine Abweichung vom branchenspezifischen Normalwert eines Prüfwertes, kann dies auf möglichen Betriebsprüfungsbedarf hinweisen. Je mehr Informationen in der Datenbank des Risikomanagementsystems vorhanden sind, umso effizienter kann es arbeiten [7]. Die Vision dahinter ist das vollautomatisierte Veranlagungsverfahren – ein Bescheid ergeht, ohne dass ein Finanzbeamter persönlich mit dem Fall in Kontakt kommt.

---

[11] Zum genauen Zeitplan zur Einführung s. Kap. 3.

Was genau geprüft wird, wird von der Finanzverwaltung geheim gehalten. Man befürchtet bei Offenlegung, dass die automatisierten Prüfprozesse an Wirksamkeit verlieren.
Für die Wirksamkeit eines automatisierten Betriebsprüfungsverfahrens ist die besondere
detaillierungstiefe der Taxonomie hilfreich. Die in der Übergangsphase zulässigen Auffangpositionen wirken dem Ziel entgegen, da diese zu einer Verallgemeinerung führen und
somit Ungenauigkeiten erzeugen. Auch ist das Risikomanagement nicht sofort erfolgsver-
sprechend anwendbar, da ein gewisser Umfang an (qualitativ hochwertigen) Datensätzen
benötigt wird. Nicht alle Unternehmen werden auf Anhieb die richtigen Positionen in der
Taxonomie ansprechen und dadurch beim automatisierten Prüfverfahren für Irritationen
sorgen. Die Daten eines einzelnen Wirtschaftsjahres werden voraussichtlich nicht genü-
gen, um das System effektiv arbeiten zu lassen. So ist dieses System erst nach einigen Jahren der Dateneinspeisung den Umständen entsprechend funktionsfähig. Unternehmen
werden künftig anhand bestimmter Prüfwerte einer Risikokategorie zugeordnet.

Für die Zukunft ist es anzuraten, bei der Erstellung der elektronischen Bilanz mit einer
gewissen Sorgfalt vorzugehen. Ungenauigkeiten – zum Beispiel durch die Zusammenfassung von Werten in Auffangpositionen oder die intensive Nutzung von Not-In-List Werten (NIL-Wert) – beinhalten das Risiko der Abweichung des eigenen Datensatzes vom
branchenspezifischen Mittelwert. Ein solcher Fall kann zu einer unnötig höheren Risiko-
bewertung des Unternehmens führen und dieses Unternehmen als prüfungsinteressanten
Fall präsentieren.

Inwieweit das Risikomanagementsystem erfolgreich arbeiten wird und gezielt prü-
fungsinteressante Fälle präsentieren kann, ist noch unklar. Der Bundesrechnungshof veröffentlichte im Januar 2012 einen Bericht über den Vollzug der Steuergesetzte. Dieser neue
Bericht ist eine Aktualisierung des Berichtes zu diesem Thema aus dem Jahr 2006. Es wird
unter anderem das Thema „maschinelles Risikomanagement" angesprochen. Geprüft wurde in diesem Abschnitt, wie sich das maschinelle Risikomanagement auf den Steuervollzug
im Bereich der Arbeitnehmer auswirkt. Damit das maschinelle Prüfverfahren Anwendung
finden konnte, mussten die Steuererklärungsdaten in elektronischer Form vorliegen. Dies
war der Fall, wenn die Daten über ELSTER übermittelt wurden. Andernfalls mussten sie
manuell eingegeben oder eingescannt werden. Standen die Daten in elektronischer Form
zur Verfügung, konnte der Prüfalgorithmus beginnen. Als Prüfergebnis stand fest, ob es
sich um einen risikoarmen Fall oder einen risikobehafteten Fall handelte.

Die Untersuchung, inwieweit das Risikomanagementsystem bestimmte Sachverhalte
erkennt und auf mögliche Risiken hinweist, fand im Bereich der Werbungskosten statt.
Unter anderem wurde geprüft, wie das Risikomanagement mit den Werbungskosten für
Fahrten zwischen Wohnung und Arbeitsstätte verfährt. In mehr als ¾ der Fälle gab das Risikomanagementsystem keinen Hinweis zur Prüfung von Fällen, die eigentlich als risikobehaftet hätten eingestuft werden sollten. Bei der Überprüfung des Bundesrechnungshofs
zu den gemachten Angaben ergab sich, dass in über 50 % der Fälle ohne Risikohinweis
erhöhte Angaben zur Entfernung zwischen Wohnung und Arbeitsstätte gemacht wurden
oder die Anzahl der Arbeitstage zu hoch angegeben wurde. Laut Bundesrechnungshof hat-

te das automatisierte Risikomanagementsystem durchschnittlich 333 € zweifelhafte Werbungskosten ohne Hinweis auf ein mögliches Risiko anerkannt.

Steuerfälle, die als risikobehaftet ausgewiesen wurden, wurden durch die Beschäftigten der Finanzbehörde geprüft. Diese kamen zu abweichenden Ergebnissen. Einige Fälle wurden intensiv geprüft, andere hingegen weniger intensiv, um Arbeitsrückstände zu vermeiden. In einer Arbeitnehmerstelle eines nicht näher beschriebenen Finanzamtes war es den Angestellten im ersten Halbjahr 2010 gestattet, Fälle, zu denen Risikohinweise vorhanden waren, unter bestimmten Voraussetzungen nicht näher zu bearbeiten. Bemängelt wird, dass das Risikomanagementsystem angesetzte Kosten unbeanstandet lässt, solange sie gewisse Wertgrenzen nicht überschreiten. „Die Finanzämter entsprachen damit nicht ihrem Auftrag nach § 85 AO, die Steuern gesetzmäßig und gleichmäßig festzusetzen, und sie verletzen den Untersuchungsgrundsatz nach § 88 AO.“[12] In einem Statement des Bundesministeriums der Finanzen zum Bericht des Bundesrechnungshofs verdeutlicht dieses, dass das Risikomanagement den Untersuchungsgrundsatz (§ 88 AO) nicht verletzt, es aber trotzdem an einer permanenten Verbesserung der verwendeten Risikoprüfungen arbeite.[13]

Es bleibt also abzuwarten, wie sich das Risikomanagement im Bereich der Arbeitnehmerveranlagung im Steuervollzug entwickeln wird. Identisch wird es mit dem Risikomanagementsystem zur elektronischen Bilanz sein.

1.4 „Entbürokratisierung“

Die Bundesregierung verfolgt mit verstärktem Einsatz von Instrumenten des E-Government auch den Bürokratieabbau im Steuerveranlagungsverfahren. Mit der elektronischen Übermittlung der Bilanz und der Gewinn- und Verlustrechnung soll der Aufwand im Veranlagungsverfahren reduziert werden. Jede Umstellung im Unternehmen zieht einen gewissen Aufwand zur Änderung der bisherigen Verfahrenstechniken nach sich. Vom Gesetzgeber wurden die Kosten der Umstellung für alle Unternehmen auf 500.000 € beziffert, was gemessen an ca. 1,35 Mio. betroffenen Unternehmen einen minimalen Kostenfaktor im einzelnen Unternehmen von rund 0,37 € darstellt.[14] Die Haltbarkeit dieses Wertes ist jedoch fraglich. Denn die Pflicht zur elektronischen Übermittlung der Bilanz sorgt für weitreichende Änderungen der internen Unternehmensabläufe. Es wird unter anderem eine Abstimmung der bereits vorhandenen Hard- und Software im Unternehmen sowie eine Schulung der im Unternehmen zuständigen Mitarbeiter benötigt.

---

[12] Vgl. (Deutscher Bundestag, Unterrichtung durch den Bundesrechnungshof, Bericht nach § 99 der Bundeshaushaltsordnung über den Vollzug der Steuergesetze, insbesondere im Arbeitnehmerbereich, in: Drucksache 17/8429 vom 17.01.2012, S. 13 Tz. 6.4.1).

[13] Vgl. (Deutscher Bundestag, Unterrichtung durch den Bundesrechnungshof, Bericht nach § 99 der Bundeshaushaltsordnung über den Vollzug der Steuergesetze, insbesondere im Arbeitnehmerbereich, in: Drucksache 17/8429 vom 17.01.2012, S. 14 Tz. 6.5.1).

[14] Vgl. (Deutscher Bundestag 2008, BT-Drucksache 16/10188, S. 18).

Nicht nur die Schaffung der erforderlichen Grundlagen zur Erstellung einer elektronischen Bilanz gestaltet sich als aufwendig, auch der Prozess der Erstellung wird umfangreicher als bisher. Die vom Bundesministerium der Finanzen erstellte Taxonomie sorgt mit ihren Mussfeldern für eine erheblich detailliertere Bilanz als die bisher zu erstellende Bilanz in Papierform. In den meisten Unternehmen wird ein Anpassungsbedarf zwischen dem aktuellen Kontenrahmen und der Taxonomie bestehen. Das Zuordnen der Buchhaltungskonten zu den einzelnen Positionen in der Taxonomie wird als „Mapping"[15] bezeichnet. Dieser Vorgang gestaltet sich nach Angaben von Pilotierungsteilnehmern als sehr zeitaufwendig [8]. Der Aufwand ist zwar als einmalig anzusehen, jedoch denken einige Unternehmen über die Einführung einer weiteren Buchführung eigens für die Erstellung einer elektronischen Bilanz nach, um den Mappingaufwand zu verringern. So kommt es auf Seiten der Unternehmen zu einem bürokratischen Mehraufwand, welcher vom Bundesministerium der Finanzen, wenn auch nicht gewollt,[16] so doch de facto akzeptiert ist.

Literatur

1. Althoff und Wetzel, (2011). E-Bilanz, in: Haufe.Steuer Office 2731434.
2. Arnold, A./Schumann, J.C. (2011). § 5b EStG: Die Pilotierung aus Sicht der Finanzverwaltung, in: Deutsche Steuer-Zeitung 20/2011, S. 740 ff..
3. Gabler Verlag (Hrsg.), Gabler Wirtschaftslexikon, Stichwort: Electronic Government, online im Internet: http://wirtschaftslexikon.gabler.de/Archiv/5989/electronic-government-v7.html.
4. Haufe Redaktion, (2011). Grünes Licht vom Bundesrat für das ELENA-Aus, Haufe.Personal.
5. Herrfurth, J. (2011). Die Einführung der E-Bilanz im Unternehmen – Problemfelder und Praxishinweise zur betrieblichen Umsetzung in: Bilanz, Rechnungswesen, Controlling. S. 436 ff..
6. Kußmaul, H./Weiler, D. (2011). Die E-Bilanz aus Sicht der Wissenschaft, in: BBK Nr. 21 vom 5. November 2010, S. 17–20.
7. Schiffers, J. (2011). E-Bilanz (§ 5b EStG) – schlichte Verfahrensvorschrift vor dem Hintergrund des Risikomanagement im Steuervollzug und des Tax-Accounting, Die Steuerberatung, Heft 1/2011, S. 7-17.
8. Seewald, H.-C. (2010). Revision des ELENA-Verfahrensgesetzes, in: www.dstv.de Interessenvertretung -> Beruf -> Stellungnahmen R 4/10.

---

[15] Zu Deutsch „zuordnen".
[16] Vgl. (Deutscher Bundestag 2008, BT-Drucksache 16/10188, S. 13).

E-Bilanz – Was ist das Ganze?

2

Ein Baustein des Steuerbürokratieabbaugesetzes ist die elektronische Bilanz. Der Grundgedanke liegt darin, den Versand der Daten vom Unternehmen an die Finanzbehörde in Papierform und per Post auf elektronische Übermittlung umzustellen. Ursprünglich war eine Einführung nach § 52 Abs. 15a AO vorgesehen, was die Pflicht zur elektronischen Übermittlung der Bilanz und der Gewinn- und Verlustrechnung ab dem 1. Januar 2011 zur Folge gehabt hätte. Aufgrund vieler Unklarheiten war der geplante Einführungszeitpunkt nicht realisierbar. § 51 Abs. 4 Nr. 1c 70 sorgte genau für dieses Szenario vor und gestattete es dem Bundesministerium der Finanzen, den Erstanwendungszeitpunkt der elektronischen Bilanz zu verschieben, sollte eine Realisierung der elektronischen Bilanz zum 31. Dezember 2010 nicht absehbar sein. Dies war der Fall und somit ist die elektronische Bilanz für Wirtschaftsjahre nach dem 31. Dezember 2011[1] anzuwenden, das bedeutet eine erstmalige Einreichung für das Wirtschaftsjahr 2012, wenn das Wirtschaftsjahr gleich dem Kalenderjahr ist. Bei einem abweichenden Wirtschaftsjahr ist die elektronische Übermittlung erstmals für das Wirtschaftsjahr 2012/2013 vorzunehmen. Ernst wird es allerdings erst im Folgejahr. Denn für den Zeitraum der Erstübermittlung der elektronischen Bilanz besteht seitens der Finanzverwaltung eine Nichtbeanstandungsregelung, was bedeutet, dass das Einreichen einer Bilanz und Gewinn- und Verlustrechnung in Papierform, ohne Sanktionen gegen das Unternehmen zu veranlassen, akzeptiert wird [1].

Über diese allgemeine Nichtbeanstandungsregelung hinaus gelten für Sonderfälle noch weitreichendere Ausnahmeregelungen. So sind die als Mussfelder gekennzeichneten Positionen des Berichtsbestandteiles „Kapitalkontenentwicklung für Personenhandelsgesellschaften" in der elektronischen Bilanz erst für die Übermittlung für Wirtschaftsjahre vorgesehen, die nach dem 31. Dezember 2014 beginnen.[2] Diesbezügliche Mussfelder sind in dem Berichtsbestandteil Bilanz jedoch auszufüllen, außer es wird freiwillig eine Kapitalkontenentwicklung für Personenhandelsgesellschaften eingereicht. Unter diesen

---

[1] Vgl. (Anwendungszeitpunktverschiebungsverordnung vom 20. Dezember 2010 (BGBl. I. S. 2135), § 1 AnwZpvV).

[2] Vgl. (BMF-Schreiben vom 28. September 2011, IV C 6-S 2133-b/11/10009, Rz. 20).

B. Feindt, N. Johannsen, *E-Bilanz,* DOI 10.1007/978-3-8349-3829-9_2,
© Gabler Verlag | Springer Fachmedien Wiesbaden 2012

Umständen sind nur die Summenmussfelder „Kapitalanteile der persönlich haftenden Gesellschafter" und „Kapitalanteile der Kommanditisten" mit Werten zu befüllen. Sämtliche Mussfelder als Unterposition der beiden vorherigen genannten Summenmussfelder können in der Bilanz mit dem technischen Nullwert (NIL-Wert) versehen werden. Die Sonder- und Ergänzungsbilanz ist in einem gesonderten Datensatz an die Finanzbehörde zu übermitteln. Auch hierbei wird es für Wirtschaftsjahre, die vor dem 1. Januar 2015 enden, nicht beanstandet, wenn eine Übermittlung der Sonder- und Ergänzungsbilanz in dem Freitextfeld „Sonder und Ergänzungsbilanzen" im Berichtsbestandteil „Steuerliche Modifikationen" erfolgt.[3] Wird der elektronischen Bilanz freiwillig ein Anlagespiegel im XBRL-Format beigefügt, so ist es dem Unternehmen gestattet, sämtliche Positionen im Bereich der „Abschreibung auf immaterielle Vermögensgegenstände des Anlagevermögens und Sachanlagen" mit einem NIL-Wert zu befüllen.[4] Zur Übermittlung des Anlagespiegels kann das Unternehmen eine von drei verschiedenen Formen auswählen. Als zulässige Form gelten die Bruttomethode, die Bruttomethode in Kurzform und die Nettomethode.[5] Des Weiteren dürfen sich die im Anlagespiegel befindlichen Werte nur auf den im „Global Common Data-Modul" (GCD-Modul) angegebenen Berichtszeitraum beziehen.

Der durch die Nichtbeanstandungs- und Ausnahmeregelungen entstehende zeitliche Puffer sollte nicht als Schlupfloch zur Verschiebung der Einführung im Unternehmen gesehen, sondern als mögliche Testphase genutzt werden.

Die gesetzliche Grundlage hat sich im Laufe der letzten Jahre wie folgt geändert. § 5 EStG wurde um § 5b EStG erweitert, welcher Unternehmen, die ihren Gewinn nach § 4 Abs. 1 EStG, § 5 Abs. 1 EStG oder § 5a EStG ermitteln (also bilanzierende Unternehmen), zur elektronischen Übermittlung ihrer Bilanz sowie der Gewinn- und Verlustrechnung in Form eines amtlich vorgeschriebenem Datensatzes verpflichtet. Somit wird die Bilanz in Papierform durch die elektronische Bilanz ersetzt und ist verpflichtend für alle Rechtsformen, ungeachtet ihrer Größe anzuwenden. § 5b EStG ist eine Verfahrensvorschrift, welche für Unternehmen keine neuen Buch- oder Aufzeichnungpflichten begründet. Einmalig aufzustellende Bilanzen, welche einem besonderen Ereignis zugrunde liegen, wie zum Beispiel eine Veräußerung des Betriebes, oder die Änderung der Gewinnermittlungsart sind auf elektronischem Wege an das Finanzamt zu übermitteln. Identisch verhält es sich mit Zwischenbilanzen, die bei Gesellschafterwechsel erstellt werden und eine Sonderform der Schlussbilanz sind. Auch diese sind auf elektronischem Weg an die Finanzbehörde zu übermitteln.

---

[3] Vgl. (BMF-Schreiben vom 28. September 2011, IV C 6-S 2133-b/11/10009, Rz. 22).
[4] Vgl. (BMF-Schreiben vom 28. September 2011, IV C 6-S 2133-b/11/10009, Rz. 23).
[5] Vgl. (Bay. Landesamt für Steuern/RZF Düsseldorf/XBRL Deutschland e. V., 2011, Technischer Leitfaden zur E-Bilanz für Pilotierungstaxonomie).

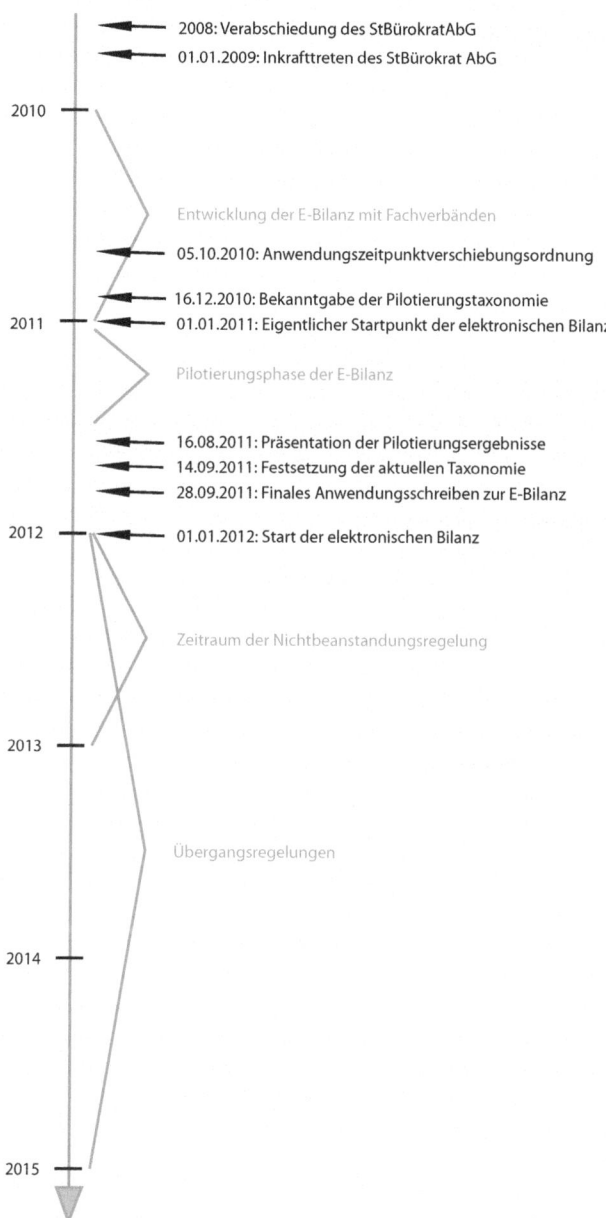

Abb. 2.1 Zeitliche Entwicklung der elektronischen Bilanz

2.1 Übermittlung der E-Bilanz

Die Übermittlung der elektronischen Bilanzen an das Finanzamt hat per DFÜ stattzufinden. Den Unternehmen wird vorgeschrieben, einen Datensatz – ähnlich einem Formular – dem Mindestumfang entsprechend zu übermitteln. Grundsätzlich ist die elektronische Übermittlung einiger Steuererklärungen[6] mit einer qualifizierten elektronischen Signatur zu versehen (§ 150 Abs. 7 AO). Im Falle der elektronischen Bilanz wird der übermittelte Datensatz durch ELSTER authentifiziert. Hierdurch wird es nicht nötig sein, Signaturen von kommerziellen Anbietern zu erwerben (vgl. § 150 Abs. 7 Nr. 7 AO). Der zu übermittelnde Datensatz wird durch den Elster Rich Client (ERiC) auf seine Plausibilität geprüft. Sollte diese Prüfung fehlschlagen, wird die elektronische Bilanz nicht übermittelt. In diesem Fall wird ein Fehlerprotokoll erstellt und ausgegeben, welches auf den Fehler bei der Übertragung hinweist.[7] Die Fehlerprotokolle, die während der Pilotierungsphase ausgegeben wurden, waren rein technische Fehlermeldungen. Es wurde zum Beispiel die genaue technische Bezeichnung des Feldes ausgegeben, welches den Fehler erzeugt hat. Für den Anwender war diese Meldung schwer zu verstehen. Die von Softwaredienstleistern angebotenen Softwareprogramme sollten in der Lage sein, die technische Fehlermeldung in eine dem Anwender verständliche Fehlermeldung zu übersetzen.

Ist es einem Unternehmen nicht möglich, ein Mussfeld der Taxonomie zu befüllen, da kein aus der Buchhaltung ableitbarer Wert dieser Position zu Grunde liegt, so ist dieses Feld mit einem NIL-Wert zu befüllen. Der ERiC prüft zwar, ob die notwendig zu befüllenden Felder der Taxonomie mit Werten gefüllt worden und rechnerisch richtig sind, jedoch nicht, ob die Befüllung der Felder sachlich korrekt erfolgt ist. Des Weiteren ist bei der Übermittlung der elektronischen Bilanz auf den Status des Berichts hinzuweisen. Hier kann zwischen erstmalig, berichtigt, geändert, berichtigt und geändert und identischem Abschluss mit differenzierteren Informationen entschieden werden. Das Übermitteln einer korrigierten elektronischen Bilanz ist somit möglich, doch muss die geänderte oder berichtigte elektronische Bilanz erneut als eigener, kompletter Datensatz übermittelt werden.

Bei der Nichtübermittlung von Bilanzen kann der Staat Sanktionen gegen das Unternehmen verhängen. Fehlübertragungen gelten als Nichtübermittlung. Bei einer Ablehnung eines Antrags auf unbillige Härte und der weiteren Übersendung der Bilanz in Papierform kann ein Zwangsgeld festgesetzt werden.

Die erfolgreiche Übermittlung der elektronischen Bilanz geht mit einer erfolgreichen Prüfung des ERiCs einher. Im nachfolgenden Schaubild wird die mögliche Integrierung des ERiCs in die Software des Unternehmens veranschaulicht.

Die Prüfung des Datensatzes durch den ERiC erfolgt in mehreren Schritten. Der zu übermittelnde Datensatz wird auf seine Vollständigkeit geprüft. Als vollständig gilt ein

---

[6] § 25 Abs. 4 Satz 1 EStG.

[7] Vgl. (E-Bilanz Technik der Übermittlung der Audalis Treuhand GmbH). http://www.audalis.de/audalis/1/32/51/259/264.php. Zugegriffen: 20. November 2011.

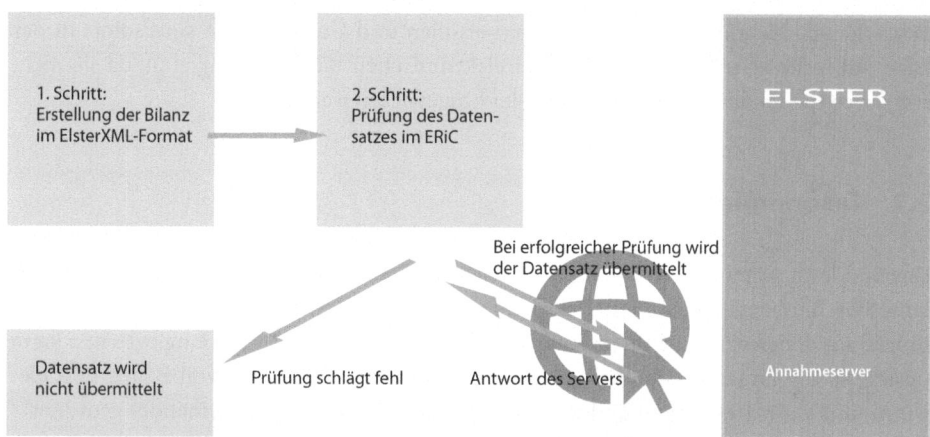

Abb. 2.2 Integrierung des ERiCs in das Unternehmen. (Quelle: ELSTER)

Datensatz, in welchem alle Mussfelder befüllt sind. Eine detailliertere Befüllung der Taxonomie ist nicht ausgeschlossen. Der Datensatz wird auch auf seine rechnerische Richtigkeit geprüft, bevor er übermittelt werden kann. Aktiva und Passiva haben in ihrer jeweiligen Summe gleich zu sein. Wird eine Handelsbilanz mit Überleitungsrechnung eingereicht, so werden auch diese jeweils auf ihre rechnerische Richtigkeit überprüft. Ein inhaltlicher Abgleich der Felder findet insoweit statt, dass ein Summenfeld mit einem NIL-Wert zu befüllen ist, wenn alle untergeordneten Positionen auch mit einem NIL-Wert erfasst wurden. Sobald eine Unterposition mit einem Wert gefüllt wurde, ist die dazugehörige Oberposition auch mit einem Wert zu füllen. Die in der Bilanz enthaltenden Werte müssen in Euro angegeben werden.[8]

Für Softwareentwickler stellt sich die Einbindung des ERiCs in ihre Softwareprodukte als problematisch dar. Bei Versionsänderungen des ERiCs durch die Finanzverwaltung müsste das Softwareprodukt ein umfassendes Update erfahren. Von Softwareanbietern wird eine Portallösung favorisiert. Unternehmen könnten sich in ein Portal einwählen und ihre elektronische Bilanz einreichen. Es würde keine Integration von Finanzamt-Software in Softwareprodukte erforderlich werden. Die Finanzverwaltung steht einer Portallösung, wie auch der Bereitstellung eines Eingabetools eher kritisch gegenüber. Insbesondere die Bereitstellung des Eingabetools würde mit Gedankengang der elektronischen Übernahme der Daten aus dem Unternehmen nicht harmonieren. Möchte ein Unternehmen an der elektronischen Bilanz partizipieren, ist dies nur mit einer Software möglich, welche ein funktionsfähiges Modul zur Erstellung der elektronischen Bilanz besitzt. Dies schließt die Integrierung des ERiCs in die verwendete Software mit ein, da eine Prüfung des Datensatzes bereits im Unternehmen vorgenommen werden muss. Ein Nutzen kann sich hier für Steuerverwaltung und Unternehmen ergeben. Die Steuerverwaltung besitzt nur Daten-

---

[8] Vgl. (Bay. Landesamt für Steuern/RZF Düsseldorf/XBRL Deutschland e. V., 2011, Technischer Leitfaden HGB Taxonomie E-Bilanz, S. 18).

sätze, die alle technischen Anforderungen erfüllen und Unternehmen sind sofort in der Lage, auf technische Missstände in ihrer elektronischen Bilanz zu reagieren, da sie nicht erst durch die Finanzverwaltung auf Fehler hingewiesen werden.

2.2   Taxonomie

Das Bundesministerium der Finanzen definiert eine Taxonomie als „Ein Datenschema für Jahresabschlussdaten. Durch die Taxonomie werden die verschiedenartigen Positionen definiert, aus denen z. B. eine Bilanz oder eine Gewinn- und Verlustrechnung bestehen kann (also etwa die Firma des Kaufmanns oder die einzelnen Positionen von Bilanz und Gewinn- und Verlustrechnung) und entsprechend ihrer Beziehungen zueinander geordnet".[9] Es existieren verschiedene Arten der Taxonomie. Zum einen gibt es eine Kerntaxonomie, welche alle Positionen zur Übermittlung der Bilanz und der Gewinn- und Verlustrechnung enthält. Da die Kerntaxonomie für alle Rechtsformen gültig ist, sind auch teilweise Positionen vorhanden, welche nicht von allen Unternehmen ausgefüllt werden können. Das BMF-Anwendungsschreiben verweist darauf, dass nur Positionen zu befüllen, denen auch Geschäftsvorfälle zugrunde liegen.[10] Eine Staffelung der Angabepflichten nach Größenklassen entfällt. Einzige Erleichterung sind die drei verschiedenen Schemata, wonach für Einzelunternehmen (EU), Personengesellschaften (PersG) und Kapitalgesellschaften (KapG) jeweils eine eigene visualisierte Kerntaxonomie besteht.

Einige Branchen haben besondere Anforderungen an Umfang und Ausgestaltung der Kontenrahmen. Dieser besondere Bedarf soll mit Spezialtaxonomien abgedeckt werden. Solche bestehen für Banken und Versicherungen. Pensionsfonds sowie auch Pensionskassen sind verpflichtet, die für Versicherungen gültige Spezialtaxonomie zu benutzen. Für die Branchen Wohnungswirtschaft, Land- und Forstwirtschaft, Verkehrsunternehmen, Kommunale Eigenbetriebe, Krankenhäuser, sowie Pflegeeinrichtungen sind Ergänzungstaxonomien vorhanden, welche auch anzuwenden sind. Individuelle Veränderungen und Erweiterungen der Taxonomien durch Unternehmen sind nicht möglich. Mit der Pflicht zur Verwendung der vorgegebenen Taxonomien und der Verweigerung der Annahme von Individualtaxonomien ist das Finanzamt in der Lage, den Rahmen zur Menge der angeforderten Daten vorzugeben.[11]

In der Taxonomie gibt es verschiedene Positionsfeldeigenschaften.

Ein „Mussfeld" ist eine für die Übermittlung zwingend auszufüllende Position im Datensatz, es gehört zum Mindestumfang der Taxonomie. Ist es dem Unternehmen nicht möglich, dieses Feld mit einem Wert zu füllen, ist ein technischer Null-Wert (sog. NIL-Wert) einzutragen. Eine Position ist nicht befüllbar, wenn der Buchführung des Unternehmens kein Geschäftsvorfall vorliegt oder eine genaue Befüllung der Position sich nicht aus der Buchführung des Unternehmens ableiten lässt.

---

[9] Siehe (BMF-Schreiben vom 28. September 2011, IV C 6-S 2133-b/11/10009, Rz. 9).

[10] Vgl. (BMF-Schreiben vom 28. September 2011, IV C 6-S 2133-b/11/10009, Rz. 10).

[11] Vgl. § 51 Abs. 4 Nr. 1b EStG.

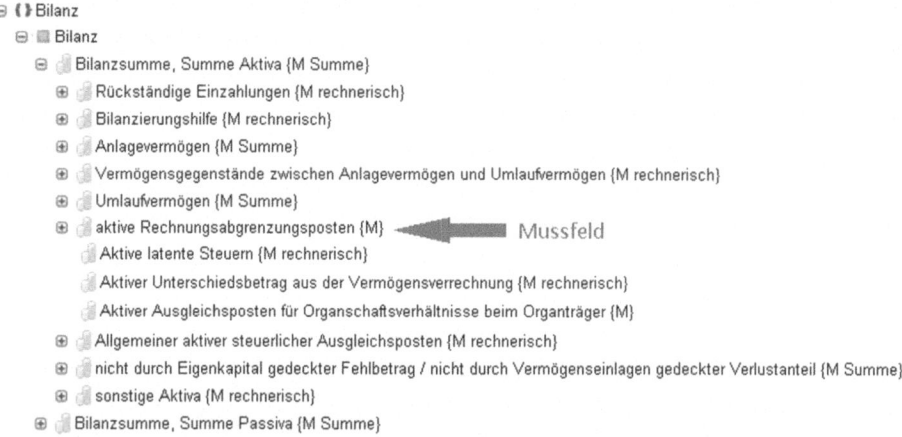

Abb. 2.3 Beispiel für ein Mussfeld. (Quelle: abra-search.com)

Die Ableitbarkeit eines Wertes aus der Buchführung wird durch das Bundesministerium der Finanzen folgendermaßen in ihrem FAQ-Katalog definiert: „Ein Wert ist grundsätzlich aus der Buchführung ableitbar, wenn er sich aus den Unterlagen der Buchführung gem. § 140 AO ergibt. Die Ableitung kann aus dem Hauptbuch oder aus den Nebenbüchern vorgenommen werden. Für den Einführungszeitraum der elektronischen Bilanz wird es reichen, die Ableitung der Werte aus dem Hauptbuch vorzunehmen."[12]

Positionen mit der Bezeichnung „Mussfeld, Kontennachweis erwünscht" besitzen die gleichen Eigenschaften wie ein „Mussfeld". Bei ihnen ist es jedoch erwünscht, zusätzlich einen Auszug aus der Summen- und Saldenliste einzureichen, aus dem hervorgeht, welche Konten in diese Position eingeflossen sind. Die Summen- und Saldenliste muss im XBRL-Format eingereicht werden. Zu den gewünschten Angaben bei der Einreichung zählen die Kontonummer, Kontobezeichnung und der Saldo zum Stichtag. Unternehmen können freiwillig weitere Ausschnitte aus der Summen- und Saldenliste per DFÜ übermitteln.

„Mussfelder" bilden zusammen mit den „Mussfelder, Kontennachweis erwünscht" den gewünschten Mindestumfang der Finanzbehörde (§ 51 Abs. 4 Nr. 1b EStG). Ungeachtet der Rechtsform und Größe des Unternehmens ist der Mindestumfang bei jedem zu übermittelnden Datensatz zu befüllen. Auch die für die Rechtsform des Unternehmens irrelevanten Positionen in der Taxonomie (Beispiel: Das Konto „Kapitalanteile der Kommanditisten" ist für eine OHG nicht befüllbar) sind mit einem NIL-Wert zu befüllen, da ansonsten eine Prüfung des ERiCs fehlschlägt.

Werden mehrere „Mussfelder" aus Unterpositionen in einer Oberposition zusammengefasst, so wird diese Position als Summenmussfeld bezeichnet. Auch diese Positionen müssen befüllt werden. Weitere eigenständige Pflichten entstehen durch diese Positionseigenschaft nicht.

---

[12] Vgl. (Bundesministerium der Finanzen, 2011, FAQ E-Bilanz, S. 7).

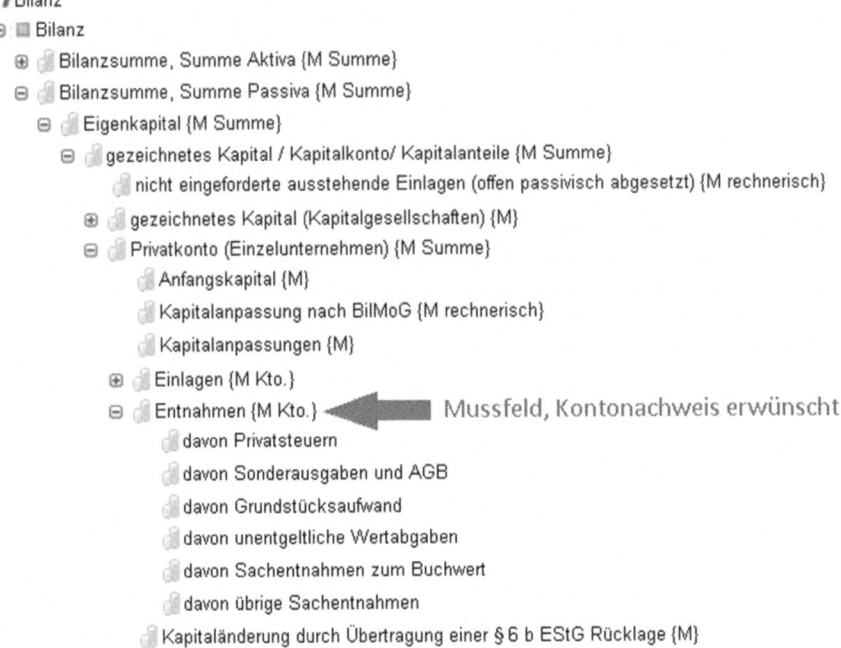

Abb. 2.4 Beispiel für ein Mussfeld, Kontonachweis erwünscht

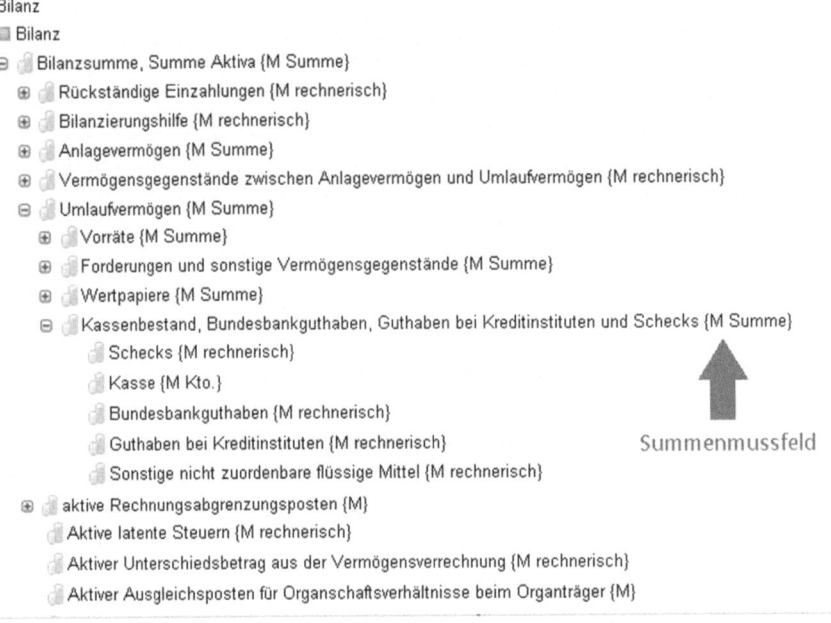

Abb. 2.5 Beispiel für ein Summenmussfeld. (Quelle: abra-search.com)

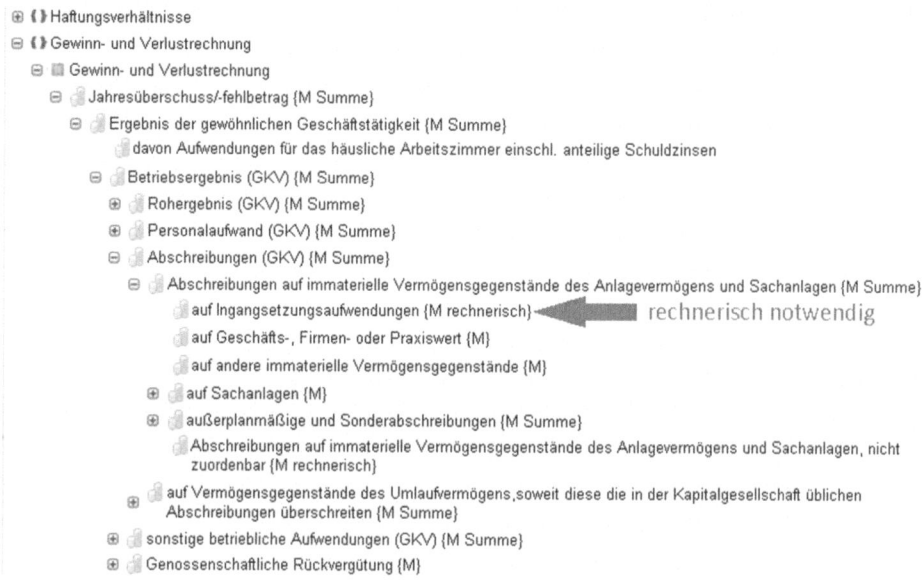

Abb. 2.6 Beispiel für eine rechnerisch notwendige Position. (Quelle: abra-search.com)

Sind auf einer Unterebene einige Positionen als Mussfeld gekennzeichnet, sind alle weiteren Positionen auf dieser Ebene unter einer Voraussetzung auch zu befüllen. Im folgenden Schaubild (Abb. 2.6) sind u. a. die Positionen „Abschreibungen auf Geschäfts-, Firmen-, oder Praxiswerte" und „Abschreibungen auf andere immaterielle Vermögensgegenstände" als Mussfeld vermerkt. Die Position „Abschreibungen auf Ingangsetzungsaufwendungen" ist u. a. auf dieser Ebene mit dem Vermerk „rechnerisch notwendig" versehen. – Die rechnerische Notwendigkeit ergibt sich aus der grundlegenden Pflicht, dass sämtliche Summenmussfelder sich aus den Werten der untergeordneten Positionen zusammensetzen. – Die als rechnerisch Notwendig gekennzeichneten Positionen sind also zu übermitteln, wenn der Wert in der Oberposition „Abschreibungen auf immaterielle Vermögensgegenstände des Anlagevermögens und Sachanlagen"(Summenmussfeld) sich nicht nur aus den Werten der Mussfelder zusammensetzt.

Verallgemeinert ist eine als „rechnerisch notwendig, soweit vorhanden" gekennzeichnete Position immer dann zu übermitteln, wenn ohne diese Übermittlung die Werte der Positionen der Unterebene in ihrer Summe ungleich dem Wert der Oberposition (also dem Summenmussfeld) sind. Wird eine rechnerisch notwendige Position nicht übermittelt, ist eine Befüllung dieser Position mit dem NIL-Wert nicht notwendig; sie wird leer gelassen.

Der tatsächliche Mindestumfang der Taxonomie umfasst unserer Ansicht daher nicht nur die von der Behörde genannten „Mussfelder" und „Mussfeld, Kontennachweis erwünscht", sondern auch die als „Summenmussfeld" gekennzeichneten Positionen und nach den Rechenregeln rechnerisch notwendig gewordenen Positionen [2]. Denn bei Fehlen dieser Felder ist davon auszugehen, dass die Plausibilitätsprüfung durch den ERiC einen Fehler ausgibt und die Übermittlung vereitelt.

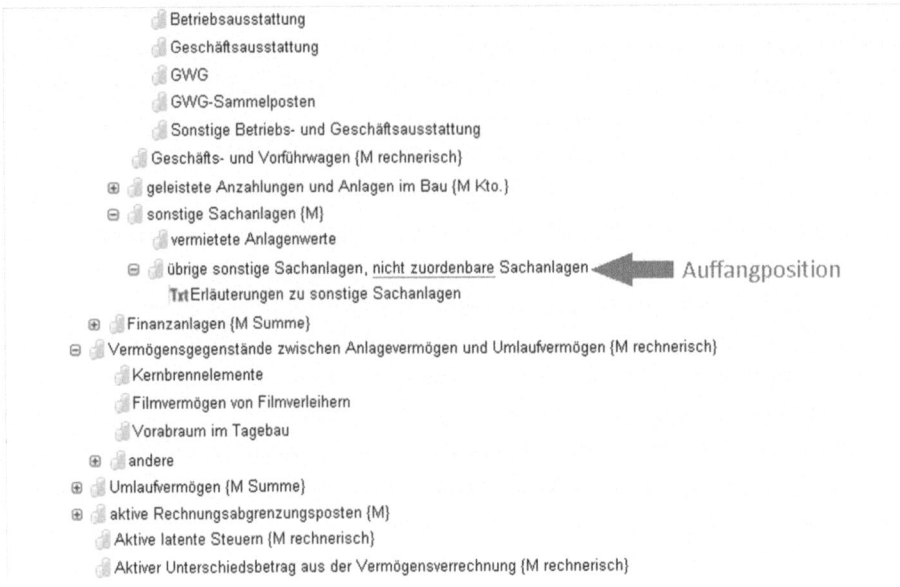

Abb. 2.7 Auffangposition. (Quelle: abra-search.com)

Ein tiefer Eingriff in das Buchungsverhalten der Unternehmen soll trotz der elektronisch zu übermittelnden Bilanz weitestgehend vermieden werden. Dennoch strebt das Ministerium einen gewissen Grad an Standardisierung an. Um einen tiefen Eingriff in die Buchhaltung der Unternehmen zu verhindern, gestattet das Bundesministerium der Finanzen die Nutzung von Auffangpositionen (erkennbar durch den Zusatz „nicht zuordenbar" in der Positionsbezeichnung) während des Einführungszeitraumes der elektronischen Bilanz (ca. fünf bis sechs Jahre.[13]) Nach Ablauf der Einführungsphase wird das BMF eine weitere Notwendigkeit der Auffangpositionen prüfen. In der Taxonomie vom 14. September 2011 sind 54 Auffangpositionen vorgesehen [3]. Sollte ein Unternehmen eine Position in der Taxonomie, welche als Mussfeld gekennzeichnet ist, nicht ausfüllen können, so ist die Auffangposition zu nutzen, um die rechnerische Richtigkeit der Daten für die Übermittlung an das Finanzamt zu gewährleisten.

Kann der Ersteller aus seiner Buchhaltung heraus ein Mussfeld befüllen, hat er kein Wahlrecht zur Nutzung einer Auffangposition sondern, ist verpflichtet, das Mussfeld anzusprechen. Befinden sich auf einer Berichtsebene mehrere Mussfelder, so sind alle Mussfelder zu befüllen. Ist ein Unternehmen nicht in der Lage, alle Mussfelder auf dieser Berichtsebene zu befüllen, so kann die Kombination Mussfelder und Auffangpositionen verwendet werden. Bei dieser Kombination werden alle Mussfelder befüllt, soweit diese sich ableiten lassen und alle nicht ableitbaren Positionen werden in der Auffangposition zusammengefasst.

---

[13] Vgl. (Bundesministeriums der Finanzen, 2011, FAQ E-Bilanz, S. 7).

Positionen der Taxonomie, die keine weitere Bezeichnung wie z. B. „Mussfeld" oder „Summenmussfeld" besitzen, können zwar verwendet werden, jedoch ist dies nicht explizit vorgeschrieben. Entscheidet sich der Steuerpflichtige z. B. gegen die Verwendung solcher Positionen, können diese auch ohne den NIL-Wert, also wirklich leer, übermittelt werden.

Die HGB-Taxonomie besteht aus zwei Modulen. Zum einen das GCD-Modul, welches die Stammdaten des Unternehmens beinhaltet sowie Angaben zum Wirtschaftsjahr und Informationen zum eingereichten Bericht an sich. Die benötigten Daten für dieses Modul sind bereits heute teilweise in der Steuererklärung vorhanden. Das zweite Modul ist das GAAP-Modul (Generally Accepted Accounting Principles – Modul). Hier sind die Daten des Rechnungswesens (Bilanz, GuV, Ergebnisverwendungsrechnung, Kapitalkontenentwicklung für Personenhandelsgesellschaften und andere Mitunternehmerschaften, außerbilanzielle Korrekturen und Überleitungsrechnung bzw. steuerliche Modifikationen) enthalten. Aus dem GAAP-Modul sind die Bilanz, die Gewinn- und Verlustrechnung und die Ergebnisverwendung zwingend elektronisch zu übermitteln. Außerdem sind die steuerliche Gewinnermittlung, die steuerlichen Modifikationen sowie die gewünschten Auszüge aus der Buchhaltung zu den Positionen „Mussfeld, Kontennachweis erwünscht" elektronisch an das Finanzamt zu übermitteln.

Auch im Anhang zu einer Bilanz und Gewinn- und Verlustrechnung sind einige Positionen als Mussfeld gekennzeichnet. Trotz dieser Bezeichnung besteht für den Anhang keine Pflicht zur elektronischen Übermittlung. Es handelt sich hierbei um Positionen, die in der Bilanz als Mussfeld vermerkt sind und nur in den Anhang gespiegelt werden.[14] Liegen weitere Anhänge, Lage- oder Prüfberichte vor, besteht für diese keine elektronische Übermittlungspflicht. Die Wahl zwischen Papierform oder elektronischer Übermittlung ist jedem Unternehmen freigestellt.

Die aktuelle Taxonomie besitzt keine zeitliche Befristung, sie behält ihre Gültigkeit bis zur Veröffentlichung einer neuen Taxonomie. Ist eine neue Taxonomie durch das Bundesministerium der Finanzen veröffentlicht worden, ist ausschließlich diese zu verwenden. Es soll bei einer Aktualisierung der Taxonomie darauf geachtet werden, dass diese auch für vorangegangene Wirtschaftsjahre verwendet werden kann. Änderungen an der aktuellen Taxonomie können durch Veränderung der handels- und steuerrechtlichen Gesetzesgrundlage hervorgerufen werden. Die Möglichkeit, weitere branchenspezifische Bilanzen in die Taxonomie zu implementieren, behält sich das Bundesministerium der Finanzen weiterhin vor. Daher kann in den kommenden Jahren nicht ausgeschlossen werden, dass weitere branchenspezifische Taxonomien folgen.

Nicht nur auf die Gültigkeit der Taxonomie muss geachtet werden, sondern auch auf die Gültigkeit der Positionen in der Taxonomie. So sind in der Taxonomie vom 14. September 2011 bereits Positionen enthalten, welche ihre Gültigkeit zu einem fest definierten Zeitpunkt verlieren.

---

[14] Vgl. (BMF-Schreiben vom 28. September 2011, IV C 6-S 2133-b/11/10009, Anlage zu Rz. 11).

2.3   XBRL-Standard

Im Zuge der Modernisierung des Geschäftsalltages und der fortlaufenden Integration des Computers in sämtliche Prozesse ist mit einer Reduzierung des Papieraufwandes und einem Anstieg des Computeraufwands zu rechnen. Das Bundesministerium der Finanzen möchte mit der Einführung der elektronischen Bilanz eine erhebliche Erleichterung im Steuerveranlagungsverfahren erreichen. Zur Umsetzung dieses Ziels bedarf es einer technischen Grundlage, auf welcher die Datensätze strukturiert angefertigt, übermittelt und angenommen werden können. Es musste ein Standardformat gefunden werden, damit Unternehmen den Datensatz nicht in verschiedenen Formaten an die Finanzbehörde übermitteln und so für einen Mehraufwand auf Seiten der Finanzbehörde sorgen. Die Entscheidung fiel hierbei auf das XBRL-Format, welches auf nationaler und internationaler Ebene bereits bekannt ist.

XBRL ist eine Abkürzung, welche für extensible business reporting language steht. Sie basiert auf der Web-Sprache XML (extensible markup language). Es ist eine frei verfügbare Computersprache, welche sowohl innerhalb wie auch außerhalb von Deutschland bereits zur Kommunikation im Geschäftsalltag verwendet wird. Zielgedanke ist die Etablierung eines Formates im Geschäftsalltag, welches von allen Partizipierenden verwendet wird und Mehrfachnutzung der erhobenen Daten ermöglicht. In Deutschland verwendet der elektronische Bundesanzeiger seit dem 1. Januar 2007 dieses Format in seiner Empfangsschnittstelle.[15]

Mit der Schaffung eines standardisierten Übermittlungsformates ergeben sich für die Anwender einige Vorteile.

Ein Unternehmen kann durch die Verwendung des XBRL-Formates eine Doppelerhebung der Daten vermeiden. Die E-Bilanz wird einmalig im XBRL-Format erstellt und erlaubt – gegebenenfalls mit Modifikationen zwischen Handels- und Steuerrecht – eine Mehrfachnutzung. Die Bilanz wird im Zuge des Steuerveranlagungsverfahrens an die Finanzbehörde übermittelt. Daneben diese auch an den elektronischen Bundesanzeiger übermittelt werden. In der Zukunft könnte eine Übermittlung auch an Banken und weitere Geschäftspartner stattfinden.[16] Bei erneuter Versendung bedarf es dann keiner weiteren Aufbereitung der Daten. Softwaretechnische Unterschiede zwischen Unternehmen und daraus resultierende Formatinkompatibilitäten können durch das Einheitsformat verhindert werden.

Vorteile ergeben sich nicht nur für das berichtende Unternehmen bei der Nutzung von XBRL als Standardformat. Auch die Berichts empfangende Stelle kann von der Nutzung des XBRL-Formates profitieren. Es wird nur eine Empfangsschnittstelle benötigt, welche die ankommenden Daten annimmt. Eingegangene Daten können ohne eine weitere Kon-

---

[15] Vgl. (XBRL Deutschland e. V. Entbürokratisierung der Unternehmenspublizität) http://www.xbrl.de/index.php?option = com_content&view = article&catid = 1:aktuelles&id = 58:entbratisierung-der-unternehmenspublizit. Zugegriffen: 30. November 2011.

[16] Näheres hierzu in Kap. 2.7 Chancen bei der E-Bilanz.

vertierung und somit „formatbruchfrei" in das System des Empfängers eingespeist werden. Durch Vermeidung von Medienbrüchen und Fehlern bei der händischen Einspeisung steigt die Qualität der Daten und Kosten für die manuelle Einspeisung und Bearbeitung der Daten werden vermieden.

Ein weiterer Vorteil einer XBRL-Datei liegt im Informationsgehalt. Beispielsweise im Vergleich zu einer Excel-Tabelle kann eine Tabelle im XBRL-Format mit Hintergrundinformationen versehen werden. In einer Excel-Tabelle werden die Felder gefüllt, wonach deren Werte und ihre Eigenschaften für den Anwender sichtbar, aber vom System nicht auslesbar sind. Die Positionen einer Tabelle im XBRL-Format werden mit einer Bezeichnung (engl. „tag") versehen. Somit ist es dem Computer möglich, den Wert der Position sowie dessen Bedeutung in der Tabelle zu erkennen [4]. Eine reine XBRL-Datei ist für den Anwender nicht lesbar. Es bedarf hierbei eines XBRL-Viewers, welcher die Daten auch für den Anwender in einem lesbaren Format darstellt.

Außerhalb von Deutschland arbeiten auch andere Staaten an der Etablierung des XBRL-Formates oder sind schon vorangeschritten. An einigen asiatischen Börsen wie zum Beispiel Tokio und Shanghai ist XBRL als Standard festgesetzt. Die U.S. Securities and Exchange Commission startete mit dem Jahresabschluss 2008 einen dreijährigen Einführungszeitraum zur Übermittlung des Jahresabschlusses im XBRL-Format. Alle in- und ausländisch notierten Unternehmen sollten partizipieren [5].

Literatur

1. Althoff (2011). E-Bilanz: Inhaltliche und gesetzliche Grundlagen. In Haufe 2732502.
2. Richter, L., Kruczynski, M., Kurz, C. (2010). E-Bilanz Mindestumfang der steuerlichen Deklaration nach der geplanten Taxonomie. *Betriebs-Berater Heft*, 41(2010), 2489–2494.
3. Geberth, G., Burlein, H. (2010). E-Bilanz – Das Einführungsschreiben, die Taxonomie und der FAQ sind veröffentlicht. *Deutsches Steuerrecht Heft*, *42*(2010), 2013–2017.
4. Szarafin, M. (2011). XBRL – hier steckt das Potenzial. *Zeitschrift für Bilanzierung, Rechnungswesen und Controlling Heft*, 10(2011), 453–456.
5. Frank, R., Kesselmeyer, B. (2008). XBRL ein kleiner Schritt für Regulatoren In GoingPublic 7/08 S. 46–47.

Persönlicher Anwendungsbereich

Gemäß § 5b Abs. 1 EStG sind alle Steuerpflichtigen, die ihren Gewinn nach den §§ 4 Abs. 1, 5 oder 5a EStG ermitteln, zur elektronischen Übermittlung von Bilanz und Gewinn- und Verlustrechnung verpflichtet. Die „E-Bilanz" ist somit für alle bilanzierenden Unternehmen ungeachtet ihrer Rechtsform oder Größenordnung anzuwenden. Daher kommt auf viele Unternehmensformen ein Mehraufwand zu. Sie müssen nun in ihrer Buchhaltung Konten ansprechen, die bisher nicht zwingend oder noch gar nicht verlangt wurden.

Bei einer Gewinnermittlung nach § 4 Abs. 1 EStG (einfacher Betriebsvermögensvergleich) wird der Gewinn anhand eines Betriebsvermögensvergleiches mittels einer originären Steuerbilanz vorgenommen. Betroffen sind alle Steuerpflichtigen, die nicht aufgrund anderer gesetzlicher Vorschriften zur Bilanzierung verpflichtet sind oder ihren Gewinn gemäß § 4 Abs. 3 ermitteln. Erfasst werden Gewerbetreibende, Land- und Forstwirte oder Selbständige, die freiwillig Bücher führen, z. B. weil sie die Größenmerkmale des § 141 AO Abs. 1 AO, d. h. weniger als 500 T€ Umsatz oder 50 T€ Gewinn, unterschreiten. Diese Steuerpflichtigen erstellen eine reine Steuerbilanz – losgelöst von handelsrechtlichen Grundsätzen.

Die im § 5 EStG (qualifizierter Betriebsvermögensvergleich) verankerte Art der Gewinnermittlung bezieht sich auf Steuerpflichtige, welche aufgrund von gesetzlichen Vorschriften zur regelmäßigen Buchführung und Erstellung von Abschlüssen verpflichtet sind. Diese Art der Gewinnermittlung baut auf § 4 Abs. 1 EStG auf. Erfasst werden nun auch Gewerbetreibende und Land- und Forstwirte, die die Größenmerkmale gemäß § 141 Abs. 1 AO überschreiten. Für den Vergleich ist das Betriebsvermögen anzusetzen, welches sich nach den handelsrechtlichen Grundsätzen ordnungsgemäßer Buchführung – vorbehaltlich steuerlicher Wertansätze oder Wahlrechte – ergibt.

Gewerbebetriebe, deren Gewinn auf den Betrieb von Handelsschiffen im internationalen Verkehr zurück zu führen ist, ermitteln ihren Gewinn nicht nach § 5 Abs. 1 EStG oder § 4 Abs. 1 EStG, sondern sind zur Ermittlung des Gewinn nach § 5a EStG verpflichtet (Besteuerung nach Tonnage).

Zusätzlich zu der Nichtbeanstandungsregel für das Wirtschaftsjahr 2012 bzw. 2012/2013 besteht die Möglichkeit, einen Antrag zur Vermeidung unbilliger Härte zu stellen. Dieser

B. Feindt, N. Johannsen, *E-Bilanz*, DOI 10.1007/978-3-8349-3829-9_3,
© Gabler Verlag | Springer Fachmedien Wiesbaden 2012

Antrag steht jedoch in keiner Verbindung mit der Nichtbeanstandungsregel, welche zeit-lich begrenzt ist. Ein Antrag zur Vermeidung unbilliger Härte wird an die Finanzbehörde gestellt, wenn dem Steuerpflichtigen durch die Pflicht zur elektronischen Übermittlung ein erheblicher finanzieller Aufwand entsteht, der sich durch die erwarteten Einkünf-te nicht amortisieren wird. Dem Antrag kann auch stattgegeben werden, wenn es dem Steuerpflichtigen aufgrund seiner individuellen Kenntnisse und Fähigkeiten nicht oder nur beschränkt möglich ist, die DFÜ zu nutzen [1].

3.1   Betriebsstätten, Vereine und juristische Personen des öffentlichen Rechts

Unbeschränkt steuerpflichtige Körperschaften, die persönlich von der Körperschaftsteuer befreit sind (wie die KfW, die Deutsche Bundesbank, die NRW. Bank und weitere nach § 5 Abs. 1 Nr. 1, 2, 2a und 15 KStG), bleiben von der Einführung des § 5b EStG unbe-rührt.[1] Die Bilanz sowie die Gewinn- und Verlustrechnung sind nicht elektronisch an die Finanzbehörde zu übermitteln. Findet der § 5 KStG jedoch nur Anwendung auf einen Teil der Einkünfte der Körperschaft (gemeint sind lt. BMF-Schreiben unter anderem Berufs-verbände ohne öffentlich-rechtlichen Charakter, Wohnungsbauvereinigung und weitere nach § 5 Abs. 1 Nr. 5, 6, 7, 9, 10, 14, 16, 19 und 22 KStG) und ist die Körperschaft zur Erstellung einer Bilanz, sowie einer Gewinn- und Verlustrechnung verpflichtet, so muss dieser Datensatz per DFÜ an das zuständige Finanzamt übermittelt werden. Der zu über-mittelnde Informationsgehalt ist auf den wirtschaftlichen Geschäftsbetrieb der Körper-schaft beschränkt. Auch hier erlaubt der Gesetzgeber zur Vermeidung von unbilligen Härtefällen eine Übermittlung der Daten in Papierform, für einen definierten Zeitraum. Für diese Gruppe ist der Zeitraum der Nichtbeanstandung soweit erweitert worden, dass eine Pflicht zur elektronischen Übermittlung des Datensatzes erst für Wirtschaftsjahre gilt, welche nach dem 31. Dezember 2014 beginnen. Die während des Übergangszeitraumes eingereichte Bilanz und Gewinn- und Verlustrechnung muss nicht an die bereits gültige Taxonomie angeglichen werden.

Für Betriebe der gewerblichen Art von juristischen Personen des öffentlichen Rechts besteht laut Bundesministerium der Finanzen die Pflicht zur Übermittlung der Bilanz und Gewinn- und Verlustrechnung in elektronischer Form, soweit diese zur Erstellung einer Bilanz und Gewinn- und Verlustrechnung verpflichtet sind. Auch diese Betriebe können ihre Bilanz und Gewinn- und Verlustrechnung für Wirtschaftsjahre, die vor dem 31. De-zember 2014 enden, in Papierform an die zuständige Finanzbehörde übermitteln.[2]

---

[1] Vgl. (BMF-Schreiben vom 28. September 2011, IV C 6-S 2133-b/11/10009, Rz. 5).
[2] Vgl. (BMF-Schreiben vom 28. September 2011, IV C 6-S 2133-b/11/10009, Rz. 5–7).

3.2 Gewinnermittlung nach § 4 Abs. 3 EStG

Unternehmen, welche nicht der Pflicht zur Erstellung einer Bilanz unterliegen oder auf freiwilliger Basis eine Bilanz anfertigen, sondern an dessen Stelle eine Einnahmenüberschussrechnung zur Gewinnermittlung erstellen, sind ebenfalls zur elektronischen Übermittlung der Daten an die Finanzbehörde verpflichtet. Hervorzuheben ist in diesem Zusammenhang nicht § 5b EStG, sondern § 60 Abs. 4 EStDV, in dem die Pflicht zur elektronischen Übermittlung der Steuererklärung geregelt ist. Zur besseren Auswertung der Daten auf Seiten der Finanzverwaltung wurde die Anlage EÜR geschaffen, in dem Positionen aus der Gewinnermittlung nach § 4 Abs. 3 EStG detailliert dargestellt werden (z. B. Eigenverbrauch PKW-Nutzung).

Ein Antrag auf unbillige Härte kann gestellt werden. Bei Stattgabe des Antrags ist eine Einnahmenüberschussrechnung in Papierform abzugeben. Für die Einnahmenüberschussrechnung besteht für den Veranlagungszeitraum 2011 eine Pflicht zur elektronischen Übermittlung als Anlage zur Steuererklärung. Somit ist die elektronische Einnahmenüberschussrechnung schon vor der elektronischen Bilanz zu übermitteln. Für die Übermittlung ist das vorgeschriebene Datenschema der Finanzbehörde zu verwenden. Liegen die Betriebseinnahmen des Unternehmens unter 17.500 €, wird es nicht beanstandet, wenn die Einnahmenüberschussrechnung nicht elektronisch übermittelt wird. Es kann der Steuererklärung eine formlose Gewinnermittlung beigefügt werden. Vorschriften zur gesetzlichen Gewinnermittlung oder Aufzeichnungspflicht bleiben unberührt.[3]

3.3 Überleitungsrechnung

Bei der Erstellung einer elektronischen Bilanz besteht für das steuerpflichtige Unternehmen ein Wahlrecht zwischen zwei Formen. Entweder kann eine Steuerbilanz erstellt und an die Finanzbehörde übermittelt werden oder der Unternehmer fertigt eine Handelsbilanz mit Überleitungsrechnung an. (Vgl. Abb. 3.1) Entscheidet sich das steuerpflichtige Unternehmen, eine auf dem Handelsrecht basierende Bilanz zu erstellen, so ist diese mit der dazugehörigen Überleitungsrechnung per DFÜ an die Finanzbehörde zu übermitteln. In der Überleitungsrechnung sind alle steuerlich unzulässigen Positionen der Bilanz (dies können z. B. Rückstellungen für drohende Verluste aus schwebenden Geschäften sein) und der Gewinn- und Verlustrechnung beinhaltet. Ergänzt werden die notwendigen Angaben zu den einzelnen Positionen. Eine elektronische Überleitungsrechnung ist anhand der Taxonomie darzustellen.[4] Zu finden ist die Überleitungsrechnung in dem Berichtsteil „Steuerliche Modifikationen" in der Taxonomie. Für die Überleitungsrechnung kann zwischen drei verschiedenen Arten gewählt werden: ausschließliche Umgliederung, aus-

---

[3] Vgl. (BMF-Schreiben vom 21. November 2011, IV C 6-S 2142/11/10001 Standardisierte Einnahmenüberschussrechnung nach § 60 Abs. 4 EStDV; Anlage EÜR 2011).

[4] Vgl. (BMF-Schreiben vom 28. September 2011, IV C 6-S 2133-b/11/10009, Rz. 24).

Abb. 3.1 Schema der Über-
leitungsrechnung. (Quelle:
FAQ zur E-Bilanz Stand:
Oktober 2011)

0	Handelsbilanzieller Wert
+/-	Wertänderung der Vorperiode
+/-	Wertänderung aus dem aktuellen Wirtschaftsjahr
=	Steuerbilanzieller Wert
	Folgendes gilt für die zu übermittelnden Werte:
0	Wertänderung der Vorperiode
+/-	Wertänderung aus dem aktuellen Wirtschaftsjahr
=	Gesamte Wertänderung der Position

schließliche Änderung der Wertansätze oder eine Anwendung beider bereits genannten
Verfahren.

Unternehmen können zwar eine Handelsbilanz mit Überleitungsrechnung bei der
Finanzbehörde per DFÜ einreichen, jedoch wird diese in einem internen Arbeitsschritt
der Finanzbehörde in eine Steuerbilanz umgewandelt. Die neu erstellte Steuerbilanz wird
durch das Finanzamt auf seine rechnerische Richtigkeit und Einhaltung des Mindestumfangs geprüft.[5] Die Errechnung der Steuerbilanz aus der Handelsbilanz mit Überleitungsrechnung soll mit den folgenden Schritten erfolgen.

3.4 Steuererklärung

Mit dem Steuerbürokratieabbaugesetz aus dem Jahre 2008 wird nicht nur eine Erweiterung des § 5 EStG realisiert, zusätzlich wird der § 25 EStG um Absatz 4 erweitert. Dieser
sieht die Verpflichtung zur elektronischen Übermittlung der Einkommensteuererklärung
(§ 25 Abs. 3 EStG) vor, wenn Gewinneinkünfte erzielt wurden (§ 2 Abs. 1 Satz 1 Nr. 1 bis 3)
und keine Veranlagung nach § 46 Abs. 2 Nr. 2 bis 8 EStG besteht [2]. Erstmals soll dies für
den Veranlagungszeitraum 2011 angewendet werden. Der Startpunkt der elektronischen
Steuererklärung wurde nicht, wie der der elektronischen Bilanz, nach hinten verschoben.
Somit ist die Übermittlung der elektronischen Steuerklärung per DFÜ bereits für den Veranlagungszeitraum 2011 verpflichtend (§ 52 Abs. 39 EStG).

Nicht nur bei der elektronischen Bilanz haben sich technische Ungereimtheiten ergeben.
Auch die elektronische Steuererklärung lässt sich nicht so schnell realisieren wie geplant.
Aufgrund technischer Unstimmigkeiten können beschränkt Steuerpflichtige noch nicht
zum 1. Januar den Service zur elektronischen Übermittlung nutzen. Nach momentanen
Erkenntnissen des Bundesministeriums der Finanzen ist ein Zugang für den 1. Januar 2013
vorgesehen. Bis zur Bereitstellung eines Zugangs sind Steuererklärungen in diesen Fällen

---

[5] Vgl. (Bundesministeriums der Finanzen 2011, FAQ E-Bilanz, S. 7 f.).

in Papierform abzugeben. Ist ein Unternehmen zur Abgabe einer gesonderten Feststellung (§ 181 Abs. 2a AO) verpflichtet, ist diese ab dem Veranlagungszeitraum 2011 elektronisch zu übermitteln. Ab dem 1. Januar funktioniert dies aber nur mit Einschränkungen. Die Finanzbehörde ist zu Beginn 2011 in der Lage eine Feststellungserklärung für maximal 10 Beteiligte anzunehmen. Technische Gründe werden auch hier als Grund präsentiert. Im Laufe des Jahres 2012 ist eine schrittweise Steigerung der Anzahl der Beteiligten einer Feststellungserklärung angestrebt.[6]

Notwendige Anlagen zur Steuererklärung, wie zum Beispiel die Einnahmenüberschussrechnung, müssen auch auf elektronischem Wege an das Finanzamt übermittelt werden (§ 60 Abs. 4 EStDV).[7] Die Projekte elektronische Steuererklärung und elektronische Bilanz haben sich unterschiedlich entwickelt. Während der Pilotphase der elektronischen Bilanz war eine Verknüpfung der in der elektronischen Bilanz erhobenen Daten mit denen der elektronischen Steuererklärung nicht möglich, obwohl das BMF einen vollautomatischen Steuerbescheid anstrebt. Um Doppelabfragen einzelner Positionen zu vermeiden und somit einen Mehraufwand bei der Erstellung einer elektronischen Steuererklärung entgegenzuwirken, wäre die Verknüpfung dieser beiden Projekte sinnvoll. Softwaretechnisch sollte einer Verknüpfung der einmal erhobenen Daten und anschließenden Weiterverwendung nichts entgegen stehen.

Auch bei der elektronisch abzugebenden Steuererklärung kann ein Antrag auf unbillige Härte gestellt werden (§ 25 Abs. 4 Satz 2). Diesem Antrag ist stattzugeben, wenn Bedingungen nach § 150 Abs. 8 AO (persönliche oder wirtschaftliche Unzumutbarkeit) vorliegen. Zusätzlich zum Zwangsgeld bei Übermittlung im Papierformat (wenn ein Antrag auf unbillige Härte abgelehnt wurde) kann ein Verspätungszuschlag (§ 152 AO) angesetzt werden, falls die Steuererklärung nicht fristgerecht übermittelt wird.

Die elektronische Steuererklärung besitzt einen höheren Stellenwert, als die elektronische Bilanz, da letztere nur ein Anhang zur Steuererklärung ist und diese nicht ersetzt. Kommt es zu Abweichungen, so sind die Werte der elektronisch eingereichten Steuererklärung anzusetzen.

Mitte 2011 gab das Bayrische Staatsministerium der Finanzen bekannt, dass die Finanzbehörde für den Veranlagungszeitraum 2013 und folgende Jahre eine vorausgefüllte Steuererklärung bereitstellen will. Den Bürgerinnen und Bürgern soll der elektronische Zugriff auf Daten aus Lohn, Vorsorgeaufwendungen und Rentenleistungen gewährt werden. Diese Daten sollen ohne großen Aufwand in die Formulare der Steuererklärung eingefügt werden [3]. Für die Zukunft wäre es wünschenswert, dass mit der elektronischen Bilanz ähnlich verfahren wird. Vorhandene Daten aus der Bilanz könnten in die Steuer-

---

[6] Vgl. (BMF-Pressemitteilung 2011, „Elektronische Übermittlung von Einkommensteuererklärungen mit Gewinneinkünften für beschränkt Steuerpflichtige sowie von Erklärungen zur gesonderten und einheitlichen Feststellung mit mehr als 10 Beteiligten startet später", Wirtschaft und Verwaltung.) http://www.bundesfinanzministerium.de/DE/Wirtschaft_und_Verwaltung/Steuern/20111212_Elster.html.

[7] Verweis auf Kap. 3.4.c.

erklärung gespiegelt und der vorausgefüllte Entwurf an das Unternehmen versendet werden. Im Unternehmen fände ein Abgleich der Daten statt und gegebenenfalls eine Korrektur. Diese Möglichkeit setzt eine Abgabe der elektronischen Bilanz vor der elektronischen Steuererklärung voraus [4]. Von der Finanzverwaltung ist eine zeitlich unabhängige Übermittlung der elektronischen Bilanz und Steuererklärung vorgesehen. Da die Bilanz zur Erstellung des Steuerbescheides benötigt wird, ist diese innerhalb der Frist der Steuererklärung zu erstellen und zu übermitteln.[8]

Momentan ist vom Bundesministerium der Finanzen noch kein Formular (Taxonomie) zur Übermittlung der elektronischen Steuererklärung veröffentlicht, auch wenn die erstmalige Anwendung schon für den Veranlagungszeitraum 2011 greift, und es im Gegensatz zur elektronischen Bilanz keine Nichtbeanstandungsregelung oder Erleichterungen in der Einführungsphase gibt. Des Weiteren fand für die elektronische Steuererklärung keine Pilotierungsphase statt, wie es bei der elektronischen Bilanz der Fall war. Im Idealfall hätte eine Pilotierung stattgefunden, die die Abgabe einer elektronischen Steuererklärung mit elektronischer Bilanz als Anhang vorsieht. Zeitlich lässt sich dies nicht mehr realisieren.

Literatur

1. Heinsen, O., & Adrian, G. (2010). E-Bilanz – Grundlegende Fragen zum Anwendungsbereich. *Deutsches Steuerrecht Heft*, 50(2010), 2591–2594; Heinsen, O., & Adrian, G. (2011). Anmerkungen zum aktualisierten BMF-Entwurfsschreiben zur E-Bilanz 2011. *Deutsches Steuerrecht Heft*, 30(2011), 1438–1443.
2. Schiffers, J. (2011). E-Bilanz (§ 5b EStG) – schlichte Verfahrensvorschrift vor dem Hintergrund des Risikomanagements im Steuervollzug und des Tax-Accounting. *Die Steuerberatung*, 1|11, 7–17.
3. Fahrenschon (2011). Finanzminister ebnen den Weg zur vorausgefüllten Steuererklärung, durch: Pressemitteilung des bayrischen Staatsministeriums der Finanzen 203/2011.
4. Kerssenbrock, O.-F., & Kirch, W. (2011). Zur Qualität der Daten einer E-Bilanz. *Die Steuerberatung*, 9|11, 392–403.

---

[8] Vgl. (Bundesministerium der Finanzen 2011, FAQ E-Bilanz).

Problembereiche

4

Die Einführung der elektronischen Bilanz sorgt teilweise noch für Unklarheiten. Die Härtefallregelung nach § 5b Abs. 2 EStG ist ein Entgegenkommen des Bundesministeriums der Finanzen, welche es Unternehmen unter den oben genannten Voraussetzungen erlaubt, ihre Bilanz und Gewinn- und Verlustrechnung auch weiterhin in Papierform einzureichen. Ein genaues Antragsverfahren ist hierfür von Seiten der Finanzbehörde noch nicht vorgegeben. Folglich bleibt unklar, ob der Antrag auf unbillige Härte bereits Anfang 2012 zu stellen ist, oder ab Mai 2012, wenn die Finanzbehörden voraussichtlich in der Lage sein werden, eine mittels DFÜ empfangene Bilanz sowie Gewinn und Verlustrechnung zu verwerten, die sich an der aktuellen Taxonomie vom 14. September 2011 orientiert oder gar erst beim Einreichen der Bilanz. Ein Antrag könnte auch ohne eine besondere schriftliche Form zu stellen sein. Ein konkludentes Handeln durch Abgabe der Bilanz in Papierform könnte den Antrag zur Nichtübermittlung der elektronischen Bilanz ersetzen.[1] Im FAQ wird diese Antragsform für die Anfangsphase im Regelfall als zulässig bestätigt, doch ohne die Angabe einer genauen Definition der Anfangsphase. In wieweit dies in Zukunft bestand hat ist daher fraglich.[2] Nach Ablauf der Übergangsphase ist es dem Steuerpflichtigen anzuraten, zu den zum Härtefall führenden Umständen umfangreich Stellung zu nehmen.

Allgemein gehen die Autoren davon aus, dass die Umstellung für jedes betroffene Unternehmen einen Mehraufwand bedeutet.

Die am 14. September 2011 veröffentlichte Taxonomie ist sehr tief gegliedert. Bereits die pilotierte Taxonomie war so detailliert, dass einige Unternehmen Probleme hatten, die Konten ihrer internen Buchhaltung den einzelnen Positionen in der Taxonomie zuzuordnen. Dieser hohe Detaillierungsgrad kann auf Seiten der Finanzbehörde zu einer erheblichen Erleichterung der Kontrolle und effizienteren Auswertung und Weiterverarbeitung der eingegangen Daten führen. Das Steuervereinfachungsgesetz sieht aber einen Abbau des Bürokratieaufwandes auf Seiten der Finanzbehörden, wie auch auf Seiten der Unter-

---

[1] Vgl. (Deutscher Bundestag, BT-Drucksache 16/10940, S. 10).

[2] Vgl. (Bundesministerium der Finanzen, 2011, FAQ E-Bilanz, S. 11).

B. Feindt, N. Johannsen, *E-Bilanz*, DOI 10.1007/978-3-8349-3829-9_4,
© Gabler Verlag | Springer Fachmedien Wiesbaden 2012

nehmen vor. Die Umschichtung des Aufwandes von Finanzbehörde zu Unternehmen ist damit nicht gemeint.

Im Sinne der Aufwandsminimierung ist es anzuraten, bereits vor Beginn der Buchführung oder spätestens im Rahmen der täglichen Buchführung die Zuordnung der einzelnen Konten zu den einzelnen Positionen in der Taxonomie vorzunehmen (Mapping). Würde eine Zuordnung erst im Nachhinein geschehen, gestaltet sich die Erstellung der elektronischen Bilanz als schwierig, weil ein erheblicher Aufwand durch Umbuchungen droht. Erstellt ein Steuerberater die Bilanz für ein Unternehmen, dessen Konten nicht mit den Positionen der Taxonomie gemappt sind, kommt es zu einem Mehraufwand für den Steuerberater bei der Erstellung der elektronischen Bilanz. Der Mehraufwand wird sich in einer erhöhten Rechnung des Steuerberaters niederschlagen.

Insbesondere bei kleinen Gesellschaften jeglicher Rechtsform fällt die Detaillierungstiefe stark ins Gewicht. Die Anzahl der mit Daten zu befüllenden Felder der Bilanz einer kleinen Kapitalgesellschaft erhöhte sich in der Pilotierungsphase um fast 700.[3] In der aktuellen Taxonomie (14. September 2011) sind insgesamt 190 Pflichtfelder im Berichtsteil der Bilanz vorgesehen, was bei einer Ausgangslage von 23 Feldern (Beispiel eines Pilotierungsteilnehmers) einen erheblichen Anstieg darstellt. Und das nur im Bereich der Bilanz! Ob unter diesen Umständen von einer beidseitigen Erleichterung im Steuerveranlagungsverfahren zu sprechen ist, bleibt fraglich, sie scheint eher einseitig zu verlaufen. Grund für das hohe Informationsbedürfnis könnte die Orientierung an der Bilanz von großen Kapitalgesellschaften sein. Für kleine und mittlere Gesellschaften sind, anders als im HGB, keine Erleichterungen vorgesehen.

Ein weiteres Problem, welches sich im Zusammenhang mit der intensiven Detaillierungstiefe der Taxonomie ergeben kann, ist der teilweise neue Verwendungszweck von bestehenden Konten. Verwendete ein Unternehmen einen individuell erweiterten Kontenrahmen, besteht hier besonderes Potenzial für Probleme. Wurden in der Vergangenheit auf einem Konto noch bestimmte Sachverhalte abgebildet, kann sich unter Berücksichtigung des E-Bilanz kompatiblen Kontenrahmens eine Änderungen in der Kontenbezeichnung bzw. der Aufgabe des Kontos ergeben haben. Aber auch bei neu eingeführten Konten besteht Konfliktpotenzial. Wurden in der Vergangenheit beispielsweise auf den Konten „4191" bis „4197" besondere Sachverhalte abgebildet, so muss achtgegeben werden, da bereits seit 2012 auf dem Konto 4195 Löhne für Minijobs abzubilden sind.[4]

Positiv hervorzuheben ist hierbei die Ermöglichung der Verwendung von Auffangpositionen in der Taxonomie, welche Unternehmen wiederum etwas entlastet im Bezug auf die Mussfeld-Tiefe. Hingegen auf Seiten der Finanzbehörde für einen Mehraufwand bei der Risikoanalyse der Daten in ihrem Risikomanagementsystem sorgen.

---

[3] Siehe (IHK Berlin-Brandenburg, 2011, „Die E-Bilanz wirft ihren langen Schatten voraus").
[4] Sämtliche Kontobezeichnungen stammen aus dem SKR03 2012 der DATEV eG.

4.1   Rechtsformspezifische Anforderungen und Schwierigkeiten

Die Taxonomie ist von allen bilanzierenden Unternehmen, ungeachtet ihrer Rechtsform oder Größe anzuwenden (ausgenommen branchenspezifische Taxonomien). Im Rückblick auf die Pilotierungsphase der elektronischen Bilanz kristallisierte sich das Problem heraus, dass auch Positionen zu übermitteln sind, welche die Unternehmensform des Unternehmens gar nicht betreffen. So sollte beispielsweise eine Kapitalgesellschaft zwar die Muss-felder von Personengesellschaften mit übermitteln, aber hatte diese mit dem NIL-Wert zu befüllen. Im Idealfall wurde dies durch die Software des Erstellers bereits im Hintergrund durchgeführt, was aber nicht bei allen Softwares möglich war.[5]

4.1.1   Personengesellschaften

4.1.1.1   Sonderbilanz

Auch die Sonderbilanz ist in elektronischer Form an die Finanzbehörde zu übermitteln. Für sie gilt jedoch nicht nur die Nichtbeanstandungsregel für das Wirtschaftsjahr 2012, bzw. Wirtschaftsjahr 2012/2013, wie es für Bilanz und Gewinn- und Verlustrechnung der Fall ist, sondern eine erweiterte Frist der Nichtbeanstandung. Diese erweiterte Frist erstreckt sich auf Wirtschaftsjahre, die vor dem 1. Januar 2015 enden.[6] Somit ist es für diesen Zeitraum zulässig, die Sonderbilanz im Berichtsbestandteil „steuerliche Modifikationen" einzureichen und nicht, wie vom Bundesministerium der Finanzen vorgesehen, in einem gesonderten Datensatz an die Finanzbehörde zu übermitteln. Die Finanzbehörde ist wiederum bereits vor Ablauf der Frist zur Nichtbeanstandung in der Lage, eine Sonderbilanz im elektronischen Format anzunehmen. Ein Vermerk im GCD-Modul über die Einreichung einer Sonderbilanz ist vorzunehmen. Besitzt zum Beispiel ein Gesellschafter einer OHG eine Immobilie, welche an die OHG vermietet wird, sind die erzielten Einnahmen nicht als private Einnahmen anzusehen, sondern als gewerblichen Einnahmen. Sie unterliegen somit auch der Gewerbesteuerpflicht und sind in der Bilanz des Unternehmens zu berücksichtigen. Die Berücksichtigung findet nicht in der steuerlichen- oder handelsrechtlichen Bilanz des Unternehmens statt, sondern wird in einer Sonderbilanz vermerkt, welche unter diesen Umständen zu erstellen ist [1].

4.1.1.2   Ergänzungsbilanzen

Ist ein Unternehmen aufgrund eines außergewöhnlichen Geschäftsvorfalls, wie zum Beispiel der Einbringung eines neuen Gesellschafters in eine Personengesellschaft oder einem Gesellschafterwechsel, verpflichtet eine Ergänzungsbilanz zu erstellen, dann ist diese auch mittels DFÜ an die Finanzbehörde zu senden. Wie bei der Sonderbilanz besteht auch für

---

[5] Vgl. (KONSENS, 2011, Bericht über die Auswertung der Pilotphase zur elektronischen Übermittlung von Daten der Bilanz und Gewinn und Verlustrechnung nach § 5b EStG (E-Bilanz).

[6] Vgl. (BMF-Schreiben vom 28. September 2011, IV C 6-S 2133-b/11/10009, Rz. 22).

die Ergänzungsbilanz eine Nichtbeanstandungsregelung. Es wird für Wirtschaftsjahre, welche vor dem 01. Januar 2015 enden, nicht beanstandet, wenn die Ergänzungsbilanz nicht in einem gesonderten Datensatz an die Finanzbehörde übermittelt wird. Die Übermittlung kann in diesem Zeitraum in den Berichtsbestandteil „Steuerliche Modifikationen" im GAAP-Modul in das Textfeld „Sonder-/Ergänzungsbilanzen" eingetragen werden. Anders als bei einigen Besonderheiten der elektronischen Steuererklärung (vgl. 4.d Steuererklärungen) ist die Finanzbehörde vor Ablauf der Übergangsfrist in der Lage, eine Ergänzungsbilanz mittels DFÜ zu empfangen.

4.1.1.3 Bilanz zu besonderen Anlässen

Bilanzen zu besonderen Anlässen wie zum Beispiel die Liquidations-, Fusionierungs- oder Umwandlungsbilanz sollen in elektronischer Form an die Finanzverwaltung übermittelt werden. Der Zeitraum der Nichtbeanstandung ist identisch mit dem, welcher auch für Sonderbilanzen Anwendung findet. Es kann also bis zum 31. Dezember 2014 eine Einreichung in Papierform erfolgen.

4.1.1.4 Mehrstöckige Personengesellschaften

Bei mehrstöckigen Personengesellschaften bedeutet die Erstellung von Sonder- und Ergänzungsbilanzen in sehr verschachtelten Unternehmen teilweise einen hohen Aufwand. Auch dieser Aufwand sollte durch das Steuerbürokratieabbaugesetz vermindert werden. Ob dies in der Realität erreicht wird, bleibt fraglich. Für die Übermittlungspflicht im XBRL-Format existiert auch in diesem Fall eine Nichtbeanstandung für Wirtschaftsjahre, die vor dem 01. Januar 2015 enden. Es ist zulässig, für diese Wirtschaftsjahre die Sonder- und Ergänzungsbilanz im Berichtsfeld „Steuerliche Modifikation" aufzuführen und zu übermitteln. Die Einreichung der Sonder- und Ergänzungsbilanzen erfolgt in diesem Zeitraum im Textformat (beispielsweise durch das Einfügen einer einfachen Excel-Tabelle).

4.1.1.5 Personengesellschaften gemäß § 264c HGB

Laut § 264a HGB finden die §§ 264 bis 330 HGB auch Anwendung auf eine Personengesellschaft, die keine natürliche Person oder Personengesellschaft mit einer persönlich vollhaftenden Person inne haben. Eine GmbH & Co. KG zum Beispiel unterliegt somit auch sämtlichen Offenlegungsvorschriften einer Personengesellschaft. Ein Jahresabschluss, wie ihn Kapitalgesellschaften erstellen müssen, ist auch von Personengesellschaften im Sinne des § 264a HGB zu erstellen. Bis auf einige Besonderheiten – diese werden im § 264c HGB thematisiert – gibt es keine gravierenden Abweichungen.

Zum einen sind Forderungen, Ausleihungen oder Verbindlichkeiten die Gesellschafter betreffen gesondert in der Bilanz oder Anhang auszuweisen (§ 264c Abs. 1 HGB). Des Weiteren darf das Privatvermögen der Gesellschafter nicht in die Bilanz aufgenommen werden.

Für das Eigenkapital einer Personengesellschaft nach § 264a HGB sind besondere Gliederungsvorschriften vorgesehen. Es sind die Posten I. Kapitalanteile, II. Rücklagen, III. Gewinnvortrag/Verlustvortrag und IV. Jahresüberschuss/Jahresfehlbetrag gesondert auszuweisen (§ 264c Abs. 2 HGB). So ist anstelle der Position „gezeichnetes Kapital" eine Unterteilung der Kapitalanteile von persönlich haftenden Gesellschaftern auszuweisen.

Für die detailliert zu erstellende Gewinn- und Verlustrechnung (§ 275 HGB) durften Personengesellschaften gemäß § 264a HGB Erleichterungen in Anspruch nehmen, wie es auch Kapitalgesellschaften tun konnten. Ausführungen hierzu sind im § 276 HGB zu finden. So galt für kleinere und mittlere Unternehmen nach § 264a HGB eine Erleichterung im Bereich der Umsatzerlöse. Im Falle des Gesamtkostenverfahrens ist eine Zusammenfassung der Berichtspositionen Umsatzerlöse, Erhöhung oder Verminderung des Bestandes an unfertigen Erzeugnissen, andere aktivierte Eigenleistungen, sonstige betriebliche Erträge und Materialaufwand[7] unter der Position Rohergebnis möglich. Findet das Umsatzkostenverfahren Anwendung, so können die Berichtspositionen Umsatzerlöse, Herstellungskosten der zur Erzielung der Umsatzerlöse erbrachten Leistungen, Bruttoergebnis vom Umsatz und sonstige betriebliche Erträge[8] als Rohergebnis zusammengefasst werden. Des Weiteren ist es für kleine Kapitalgesellschaften kein Muss (§ 276 Satz 2 HGB), für die Berichtspositionen „außerordentliche Erträge" und „außerordentliche Aufwendungen", eine Erläuterung über Art und Betrag im Anhang vorzunehmen, wie sie im § 277 Abs. 4 HGB gefordert werden. Inwieweit sämtliche Erleichterungen erhalten bleiben, ist noch nicht genau absehbar. Wiederum absehbar ist, dass die Erleichterungen im Sinne des HGBs für kleine und mittlere Gesellschaften entgegen der Vorschrift einer allgemein gültigen Taxonomie mit hohem Detaillierungsgrad stehen.

4.1.2 Kapitalgesellschaften

Die Einführung der elektronischen Bilanz und deren Übermittlung per DFÜ an die Finanzbehörde schließt die Kapitalgesellschaften ein. In ihrem Bereich existieren aber keine rechtsformspezifischen Schwierigkeiten, die über die Berücksichtigung der Kerntaxonomie hinausgehen.

Während im HGB größenspezifische Erleichterungen vorgesehen sind, sucht man sie im Bereich der Taxonomie vergebens. Gerade mittlere- und kleine Kapitalgesellschaften sind gut damit beraten, ihre interne Buchführung auf die Taxonomie einzustellen, um auf die erhebliche Anzahl an zwingend auszufüllenden Feldern gut vorbereitet zu sein.

4.1.3 Einzelunternehmen

4.1.3.1 Kaufleute gemäß § 241a HGB

§ 241a HGB regelt die Voraussetzungen, unter welchen Einzelunternehmen von der Pflicht zur Buchführung und Erstellung eines Inventars befreit werden können. Als Richtwert

---

[7] Siehe § 275 Abs. 2 HGB.
[8] Siehe § 275 Abs. 3 HGB.

gelten hierfür der Jahresüberschuss oder die Umsatzerlöse des Einzelunternehmens. Liegen die Umsatzerlöse an zwei aufeinander folgenden Bilanzstichtagen nicht über 500.000 € oder beträgt der Jahresüberschuss des Unternehmen an zwei aufeinander folgenden Bilanzstichtagen nicht mehr als 50.000 €, greift die Befreiungsvorschrift des § 241a HGB. Von der Aufstellung zur Handelsbilanz befreite Einzelunternehmer sind nicht von der E-Bilanz betroffen. Bei Anwendung des § 241a HGB besteht die Pflicht der jährlichen Prüfung, ob die oben genannten Voraussetzungen zur Befreiung von der Pflicht zur Buchführung und Erstellung eines Inventars weiterhin eingehalten werden.

Wird einer der Werte überschritten, so ist bereits für das Jahr der Überschreitung ein handelsrechtlicher Jahresabschluss zu erstellen. Daraus resultiert frühestens ab dem Wirtschaftsjahr 2012 die Pflicht Erstellung einer elektronischen Bilanz, sowie die Übermittlung per DFÜ nach § 5b EStG.

Bei einer Unterschreitung der oben genannten Richtwerte zur Ermittlung der Pflicht zur Buchführung und Erstellung eines Inventars ist es zulässig, den Gewinn anhand einer Einnahmenüberschussrechnung zu ermitteln. Die Einnahmenüberschussrechnung ist als Anhang der Steuererklärung beizufügen. Aufgrund der Pflicht zur Übermittlung der elektronischen Steuererklärung mittels Datenfernübertragung ab dem Veranlagungszeitraum 2011 muss die Einnahmenüberschussrechnung auch elektronisch übermittelt werden,[9] da eine Papierform als Anhang zur elektronischen Steuererklärung nicht geduldet wird. Ein Antrag auf unbillige Härte kann, wie auch bei der elektronischen Bilanz, gestellt werden.

Für die Übermittlung der Einnahmenüberschussrechnung ist von der Finanzbehörde ein bestimmtes Datenschema vorgesehen. Auf der Internetpräsenz des Bundesministeriums der Finanzen kann die Anlage EÜR eingesehen werden. Außerdem kann dort eine Anleitung zum Vordruck eingesehen werden.

4.1.3.2 Kaufleute, die keine KapG sind und nicht unter § 241a HGB fallen

Überschreiten HGB-betroffene Einzelunternehmen die oben genannten Größenordnungen, müssen sie eine Bilanz aufstellen. Hierbei besteht nicht die Pflicht, den handelsrechtlichen Gliederungsvorschriften der §§ 266, 275 HGB für Kapitalgesellschaften zu folgen. Der für sie bindende Bilanzinhalt wird in § 247 HGB definiert. Im Aufstellungsgrundsatz (§ 243 Abs. 2 HGB) ist lediglich eine übersichtliche Darstellung gefordert.

In der Praxis greifen erfahrungsgemäß nicht viele bilanzierende Einzelunternehmer auf diese Erleichterung zurück. Das mag daran liegen, dass bei entsprechender Buchhaltung eine Auswertung analog der Gliederung für Kapitalgesellschaften lediglich den Aufwand eines Mausklicks bedeutet. Darüber hinaus fordert das HGB auch von Einzelunternehmen eine angemessene Übersichtlichkeit.

Für Einzelunternehmer, welche von Auffangpositionen keinen Gebrauch machen wollen, droht nun wesentlicher Mehraufwand. Denn mit der Einführung der elektronischen Bilanz und der damit einhergehenden verpflichtend anzuwendenden Taxonomie existieren nun 173 definitive Mussfeldpositionen – die wollen erst einmal in die Buchhaltung integriert werden.

---

[9] Vgl. § 60 Abs. 4 EStDV.

4.2 Betriebsstätten im In- und Ausland

Die Pflicht zur Erstellung einer elektronischen Bilanz und deren Übermittlung an die Finanzbehörde umfasst alle Unternehmen. Ebenso werden auch ausländische Unternehmen, welche Betriebsstätten in Deutschland unterhalten, sowie inländische Unternehmen, welche Betriebsstätten im Ausland unterhalten, verpflichtet, eine elektronische Bilanz zu erstellen und mittels DFÜ bei der Finanzbehörde einzureichen.

Im Falle eines inländischen Unternehmens mit ausländischen Betriebsstätten (Outbound-Fall), besteht die Pflicht zur Erstellung einer elektronischen Bilanz, die alle Betriebsstätten umfasst, soweit die Anforderungen des § 5b EStG gegeben sind. Der angefertigte Datensatz ist per DFÜ als Ganzes an die Finanzbehörde zu übermitteln. Es besteht für diese Fallkonstellation eine Übergangsregelung, welche sich ähnlich zu der Übergangsregelung bei juristischen Personen des öffentlichen Rechts mit Betrieben gewerblicher Art verhält: Für Wirtschaftsjahre, die vor dem 1. Januar 2015 enden, ist eine Nichtbeanstandung bei Einreichung der Bilanz und der Gewinn- und Verlustrechnung in Papierform vorgesehen. Diese Nichtbeanstandung greift jedoch nur für die ausländischen Betriebsstätten des inländischen Unternehmens, soweit das Ergebnis auf die ausländische Betriebsstätte entfällt. Die inländischen Betriebstätten des Unternehmens unterliegen nicht dieser Übergangsregelung und sind somit zur Abgabe einer elektronischen Bilanz ab dem Veranlagungszeitraum 2012 verpflichtet, bzw. nach Ablauf der Nichtbeanstandungsregel zur elektronischen Abgabe in 2014 für das Wirtschaftsjahr 2013 verpflichtet.

Betreibt ein ausländisches Unternehmen Betriebsstätten im Inland (Inbound-Fall), so unterliegen die inländischen Betriebsstätten des Unternehmens unter bestimmten Umständen der Pflicht zur Erstellung einer elektronischen Bilanz und deren Übermittlung mittels DFÜ an die zuständige Finanzbehörde. Bei folgenden Voraussetzungen ist die inländische Betriebsstätte buchführungs- und abschlusspflichtig:

• Der Umsatz liegt über 500.000 € oder
• der erzielte Gewinn im Wirtschaftsjahr liegt über 50.000 €;
• § 12 AO (Betriebsstätte) wird erfüllt;
• das Finanzamt ordnet die Erstellung an [2].

Ist das Unternehmen zur Erstellung einer Bilanz und Gewinn- und Verlustrechnung verpflichtet, ist die inländische Betriebsstätte als unselbstständiger Teil des Unternehmens zu behandeln. Unter diesen Voraussetzungen greift erneut die Übergangsregelung. Daher wird die Papierform von Bilanz und Gewinn- und Verlustrechnung für Wirtschaftsjahre, die vor dem 1. Januar 2015 enden, nicht beanstandet.[10]

Potenzial für Probleme bietet sich, falls die inländische Betriebsstätte des ausländischen Unternehmens nicht nach deutschem Recht bucht und zur Abgabe einer Bilanz verpflichtet ist. Dies ist zwar bereits vor der E-Bilanz problematisch, ein Nichtbefolgen wird aber durch die Taxonomie besonders transparent. Spätestens bei der verbindlichen Anwendung

---

[10] Vgl. (BMF-Schreiben vom 28. September 2011, IV C 6-S 2133-b/11/10009, Rz. 7).

der gültigen Taxonomie müssen die Konten des Unternehmens mit den Positionen der
Taxonomie gemappt werden.

4.3   Branchenspezifische Taxonomien

4.3.1   Vorbemerkungen

Das bisherige steuerliche E-Government umfasst:

- die elektronische Steuererklärung
- die elektronische Erklärung zur Festsetzung des GewSt-Messbetrages und Zerlegungserklärung
- die elektronische Umsatzsteuervoranmeldung
- die elektronische Lohnsteuervoranmeldung

und wird nun um den Baustein E-Bilanz auch für Gesellschaften mit branchenspezifischen Rechnungslegungsnormen erweitert. Ausgangslage für alle Unternehmen ist die
sog. Kerntaxonomie. Diese wird jetzt branchenabhängig entweder mittels einer ergänzenden Kerntaxonomie oder durch eine der drei ersetzende Taxonomien erweitert bzw. ersetzt. Die Notwendigkeit für branchenspezifische Taxonomien ergibt sich in einigen Branchen bereits aus geschäftsspezifischen Besonderheiten. So bedarf es für die Landwirtschaft
zwingend einiger Positionen, welche in einem universalen Kontenrahmen nur für eine
unnötige Erweiterung sorgen würden.

Anwendung ergänzender Kerntaxonomie:

Wie schon zur Kerntaxonomie der E-Bilanz ausgeführt, dürfen die Ergänzungen bzw.
die ergänzenden Kerntaxonomien nicht unternehmensindividuell erweitert werden. Es
handelt sich jeweils um einen amtlich vorgegebenen Datensatz; Anpassungsmöglichkeiten
wie in §§ 266, 275 HGB oder größenabhängige Erleichterungen für kleine und mittlere
Unternehmen i.S.v. § 267 HGB bestehen folglich keine. Diese Aussage gilt uneingeschränkt
auch für alle ersetzenden Taxonomien. Es wird auf nachstehende Tabelle verwiesen.

Anwendung ersetzender Taxonomien:

Bei allen E-Bilanzen, auch den branchenbezogenen, ist ausschließlich XBRL als Übermittlungsformat zulässig. Spezial- und Ergänzungstaxonomien sind wie auch die normale
Kerntaxonomie durch DFÜ an die Finanzbehörde zu übermitteln. Zu übermitteln ist die
Steuerbilanz bzw. der steuerliche Jahresabschluss, ausnahmsweise auch der handelsrechtliche Jahresabschluss mit ausführlicher Überleitungsrechnung. Die Pflicht zur Veröffentlichung des handelsrechtlichen Jahresabschlusses im e-Bundesanzeiger besteht eigenständig
und unverändert fort.

Die Möglichkeit, weitere Spezial- oder Ergänzungstaxonomien für andere Branchen zu
entwerfen und einzufügen hält sich das Bundesministerium der Finanzen anhand seiner

Tab. 4.1 Ergänzende
Taxonomien

Branche	Handelsrechtliche Rechnungslegungsnormen
Kommunale Eigenbetriebe	EBV u. a.
Krankenhäuser	KHBV
Land- und Forstwirtschaft	BMELV-Musterabschluss
Pflegeeinrichtung	PBV
Verkehrsunternehmen	JAbschlVUV
Wohnungswirtschaft	JAbschlWUV

Tab. 4.2 Ersetzende
Taxonomien

Branche	Handelsrechtliche Rechnungslegungsnormen
Banken (Kreditinstitute)	RechKredV
Pensionsfonds	RechPensV
Versicherungen	RechVersV

Formulierung in dem endgültigen Anwendungsschreiben zur elektronischen Bilanz vom 28. September 2011 weiterhin offen. (Vgl. Tab. 4.1 und 4.3)

4.3.2 Ersetzende E-Bilanz-Taxonomien für Banken, Pensionsfonds und Versicherungen

4.3.2.1 E-Bilanz-Taxonomie für Banken/Kreditinstitute
Freie Zugänglichkeit

Die auf der Internetpräsenz www.eSteuer.de abrufbare Taxonomie für Kreditinstitute ist für jedermann als Microsoft Excel-Tabelle und im XBRL-Format ohne Anmeldung und kostenfrei zugänglich. In der Spalte „position properties" der Excel-Tabelle stehen Hinweise auf konkrete Fundstellen. Hier findet der Steuerpflichtige Auslegungshilfen. Diese sind aber nicht in allen Fällen kostenfrei zugänglich. Beispielsweise sind die Standards des Deutschen Rechnungslegungs Standards Committee e. V. nur entgeltlich zu erhalten.

Geforderte Inhalte – formelle Aspekte

Das Bundesministerium der Finanzen spricht in seinem Anwendungsschreiben zur E-Bilanz IV C 6– S 2133-b/11/10009 vom 28.09.2011 von „Banken", meint jedoch „Kreditinstitute", also selbständige organisatorische Einheiten, die gemäß der handelsrechtlichen „Verordnung über die Rechnungslegung der Kreditinstitute und Finanzdienstleistungsinstitute" – kurz KredRechV – bilanzieren. Die KredRechV, aktuell in der Fassung vom 9. Juni 2011, dient primär der Erfüllung einer handelsrechtlichen Rechnungslegungspflicht. Sekundär unterstützt sie darüber hinaus die Aufsicht der Kreditinstitute durch die Bundesanstalt für Finanzdienstleistungsaufsicht und die Bundesbank. Die E-Bilanz-Taxonomie hingegen wurde als ein Instrument der Finanzverwaltung zur Optimierung der Steuererhebung konzipiert und umfasst im Wesentlichen die Berichtsteile

- Bilanz: Formblatt 1 nebst Erläuterungen,
- Gewinn- und Verlustrechnung: Formblätter 2 für die Staffel und die Kontoform nebst Erläuterungen,
- Anhangsangaben und
- weitere Informationen

Im HGB und der E-Bilanz-Taxonomie ähneln sich die Inhalte der Begriffe Bilanz sowie Gewinn- und Verlustrechnung, divergieren jedoch ganz erheblich beim sog. Anhang. Offensichtlich hat die Finanzverwaltung eine sehr umfassende inhaltliche Vorstellung des Berichtsteils Anhang. Beispielsweise verlangt der Anhang der elektronischen Bilanz im Abschnitt „Anhangsangaben" u. a. „Erläuterungen im Sinne von HFA 1/1994 zu atypischen stillen Beteiligungen"; weder nach KredRechV noch nach HGB ist dies notwendig. Auch für eine „Aufgliederung von Gewinn- und Verlustrechnung-Posten nach geographischen Märkten" fehlt das Gegenstück in der KreditRechV; sie ist aber im HGB-Anhang explizit aufgeführt (§ 285 Nr. 4 HGB). Die nach der E-Bilanz-Taxonomie erforderliche Kapitalflussrechnung nach DRS 210, der Eigenkapitalspiegel nach DRS 7 und die Segmentberichterstattung nach DRS 310, alles Elemente der „section" namens „Anhang" der Excel-Tabelle, gehören ebenfalls nicht zum HGB-Anhang. Vorgenannte drei Informationsinstrumente erweitern einen handelsrechtlichen Jahresabschluss, bestehend aus Bilanz, Gewinn- und Verlustrechnung sowie Anhang, von kapitalmarktorientierten Kapitalgesellschaften, falls diese keinen Konzernabschluss aufstellen: Die Kapitalflussrechnung und der Eigenkapitalspiegel sind beide obligatorisch, die Segmentberichterstattung aber nur optional (§ 267 Abs. 1 HGB).

Weitere, über die HGB-Bilanzierung (Einzelabschluss) hinausgehende Berichtspflichten von Kreditinstituten sind nach E-Bilanz-Taxonomie insbesondere

- „Name des Gutachters für die Pensionsrückstellung" (Zeile 445 der Excel-Tabelle für Staffelform).
- „Kapitalkontenentwicklung für Personenhandelsgesellschaften und andere Mitunternehmerschaften" (Zeilen 1210 ff. der Excel-Tabelle für Staffelform).
- „Angaben zu immateriellen Vermögensgegenständen/ Position im Anlagenspiegel" mit Verweis auf DRS 12 (Zeilen 1728 ff. der Excel-Tabelle für Staffelform).
- „Angaben, soweit die Umsatzerlöse mit einem externen Kunden 10 % der gesamten externen und intersegmentären Außenumsatzerlöse übersteigen (Tätigkeitsbereich)" mit Verweis auf DRS 3-10.42 (Zeile 1807 der Excel-Tabelle für Staffelform).
- „Angaben zu den Grundsätzen für Verrechnungspreise zwischen den Segmenten (Regionen)" mit Verweis auf DRS 3-10.30(Zeile 1808 der Excel-Tabelle für Staffelform).

- „Angaben, soweit aus einem operativen Segments ein anzugebendes Segment wird (Tätigkeitsbereich)" mit Verweis auf DRS 3-10.45 (Zeile 1813 der Excel-Tabelle für Staffelform).
- „Angaben, soweit die Umsatzerlöse mit einem externen Kunden 10 % der gesamten externen und intersegmentären Außenumsatzerlöse übersteigen (Region)" mit Verweis auf DRS 3-10.42 (Zeile 1851 der Excel-Tabelle für Staffelform).
  Die fast gleich lautende Information „Angaben, soweit die Umsatzerlöse mit einem externen Kunden 10 % der gesamten externen und intersegmentären Außenumsatzerlöse übersteigen (Tätigkeitsbereich)" in Zeile 1807 unterscheidet sich vom Wortlaut lediglich beim Klammerzusatz. In 1807 heißt es „Tätigkeitsbereich", in Zeile 1851 „Region".
- Zahlreiche Angaben zur Stetigkeit und zur Berichtigung von Fehlern mit Verweis auf DRS 13 (Zeilen 1894 ff. der Excel-Tabelle für Staffelform). Anmerkungen: DRS 13 betrifft die Themen Stetigkeit und Berichtigung von Fehlern im Konzernabschluss. Das Deutsche Rechnungslegungs Standards Committee e. V. selbst schränkte die Anwendung ihres DRS 13 auf andere Abschlüsse ausdrücklich ein: „Die Empfehlung, diesen Standard auch auf den Jahresabschluss anzuwenden, gilt nicht für die Fehlerberichtigung früherer Geschäftsjahre, weil die Änderung von Jahresabschlüssen erhebliche gesellschafts- und steuerrechtliche Konsequenzen nach sich ziehen kann."[11]
- „Angabe der Gründe und Darstellung der Entwicklung des von den Sonderprüfern im Verfahren nach §§ 258 ff. AktG festgestellten Wertes, wenn sich dieser aufgrund zwischenzeitlicher Einflüsse verändert hat bzw. wenn das nach § 260 AktG angerufene Gericht festgestellt hat, dass Posten unterbewertet sind" (Zeile 1926 der Excel-Tabelle für Staffelform).
- Angaben zu den latenten Steuern mit Verweis auf DRS 10 (Zeilen 1928 ff. der Excel-Tabelle für Staffelform).
  Anmerkungen:
  1. DRS 10 betrifft latente Steuern im Konzernabschluss.
  2. Dieser Standard ist außer Kraft gesetzt.[12]
- „Begründung dafür, dass bei der Schuldenkonsolidierung, der Zwischenergebniseliminierung sowie bei sonstigen erfolgswirksamen Konsolidierungsmaßnahmen ein konzerneinheitlicher Steuersatz zugrunde gelegt wird" (Zeile 1938 der Excel-Tabelle für Staffelform).
- „Angabe der Auswirkungen der erstmaligen Anwendung des DRS 10 auf das Konzerneigenkapital im Jahr des Übergangs auf diesen Standard" (Zeile 1950 der Excel-Tabelle für Staffelform).[13]

---

[11] Vgl. (DRS 13 Grundsatz der Stetigkeit und Berichtigung von Fehlern) http://www.standardsetter.de/drsc/docs/drs_summaries/13.html. Zugegriffen: 17. Januar 2012.

[12] Vgl. (Details – DRS 10– Latente Steuern im Konzernabschluss) www.standardsetter.de/drsc/dsr/standards/index.php?do = show_details&entry_id = 16. Zugegriffen: 17. Januar 2012.

[13] Siehe auch obige Anmerkungen zu DRS 10.

- „Angaben zu den Grundsätzen für Verrechnungspreise zwischen den Segmenten (Regionen)" mit Verweis auf DRS 3-10.45 (Zeile 1952 der Excel-Tabelle für Staffelform).
- „Konsolidierung" (Zeilen 2364 ff. der Excel-Tabelle für Staffelform).
- „Angaben über Aktienoptionsprogramme und ähnliche wertpapierorientierte Vergütungs- oder Anreizsysteme" (Zeile 2551 der Excel-Tabelle für Staffelform) mit Verweis auf den „Deutschen Corporate Governance Kodex" der Regierungskommission der Bundesrepublik Deutschland Ziffer 7.1.3, aktuell in der Fassung vom 26. Mai 2010.
- „Angaben zum Kauf und Verkauf von Aktien der Gesellschaft sowie ihrer Konzernunternehmen, von Optionen sowie sonstigen Derivaten auf diese durch Vorstands- oder Aufsichtsratsmitglieder" (Zeile 2554 der Excel-Tabelle für Staffelform) mit Verweis auf den „Deutschen Corporate Governance Kodex" der Regierungskommission der Bundesrepublik Deutschland Ziffer 6.6.
- „Lagebericht" (Zeilen 2600 ff. der Excel-Tabelle für Staffelform).
- „Überleitungsrechnung der Wertansätze aus der Handelsbilanz zur Steuerbilanz/ Umgliederungsrechnung" (Zeile 2653 der Excel-Tabelle für Staffelform).

Geforderte Inhalte – materielle Aspekte

Die Taxonomie für Kreditinstitute umfasst in Excel 2804 Zeilen, wegen Leerzeilen aber nicht ganz so viele nummerierte Detailangaben. Dennoch ist das der Finanzverwaltung zu meldende Datenvolumen sehr umfangreich. Auf den ersten Blick ist dem Leser der E-Bilanz-Taxonomie nicht erkennbar, in welcher Weise eine Vielzahl der Informationen der Steuererhebung dienlich sein könnte, zumindest nicht im Rahmen der standardmäßigen Kontrolle eingereichter Steuererklärungen. Beim weiteren Analysieren drängen sich drei Vermutungen auf: 1) In der Finanzverwaltung ist ein ganz erheblicher Personalabbau vorgesehen. Die älteren Mitarbeiter von Kreditinstituten mögen sich an die Änderungen aufgrund der Einführung zunächst von Kontoauszugsdruckern, Geldautomaten und nun sog. Service-Terminals erinnern. 2) Bei der Frage, wie könne man die Informationen denn sonst noch nutzen, schiebt sich die Vorstellung einer permanenten Betriebsprüfung in den Vordergrund. Statt wie früher anlassunabhängige Prüfungen, insbesondere in Intervallen und branchen- und größenabhängig, oder anlassbezogene Prüfungen anzukündigen und durchzuführen, verfügt die Finanzverwaltung zukünftig sowohl über ein Instrumentarium als auch über aktuelle Vergleichsdaten. Wenn mit jeder monatlichen Lohn- und Umsatzsteuererklärung eine erneute Plausibilitätsrechnung durchführbar ist, wird die Finanzverwaltung dieses auf Grundlage neuerer Daten auch tun. 3) Als Folge vorgenannter Plausibilitätsrechnung ist mit kurzfristigen Anpassungen von Steuervorauszahlungen zu rechnen.

Eine Darstellung oder Erörterung im Einzelnen würde den Umfang dieses Buchabschnittes sprengen. Schon heute ist absehbar, dass eine Vielzahl der Kreditinstitute ganz erhebliche Probleme mit der Erstellung der E-Bilanz haben werden, weniger mit dem Transfer von handelsrechtlichen Konteninhalten in das korrespondierende Bankentaxonomie-Format, sondern vielmehr mit der Generierung zusätzlicher Informationen. Hier können die mittlerweile erhältlichen Standardsoftwares oder Verbandslösungen nur begrenzt unterstützen. Es bleibt abzuwarten, wie die Finanzverwaltung vor allem bei kleinen und mittelgroßen Kreditinstituten auf unvollständige Informationen reagieren wird, wobei bei dieser Überlegung angenommen wird, dass die Unternehmen selbstverständlich die für eine Besteuerung relevanten Daten liefern, nicht jedoch jene, die nur eigens und zum Teil mit erheblichem organisatorischen und finanziellen Aufwand ausschließlich wegen der Vollständigkeit generiert werden müssen. Trotz aller Kritik am Umfang der mittels E-Bilanz-Taxonomie von Kreditinstituten zu übermittelnde Informationen hätte es für diese Gesellschaften zu weiteren Berichtpflichten kommen können: Statt Verweise auf nationale Standards des Deutschen Rechnungslegungs Standards Committee e. V. wäre auch eine Bezug auf die Standards des International Financial Reporting Bords durchaus zweckmäßig gewesen, da diese eine recht breite Akzeptanz gefunden haben. Vorstellbar wäre darüber hinaus auch das prophylaktische Anfordern von Zeit-, Teil-, Versicherungs-, gemeinen und ähnlichen Werten für den Fall der Aufhebung der Aussetzung der Vermögensteuer.

4.3.2.2 E-Bilanz-Taxonomie für Pensionsfonds und Versicherungen

Die allgemeinen, schon gemachten Aussagen zu den branchenspezifischen E-Bilanz-Taxonomien (siehe vorstehenden Abschnitt **Vorbemerkungen** dieser Publikation) gelten uneingeschränkt auch für Pensionsfonds und Versicherungsunternehmen. Für Unternehmen dieser Branchen gilt eine gemeinsame spezielle, ersetzende Taxonomie. Die unter www.eSteuer.de abrufbare Taxonomie für Versicherungsunternehmen, welche auch von Pensionsfonds anzuwenden ist, ist für jedermann als Microsoft Excel-Tabelle und im XBRL-Format ohne Anmeldung und kostenfrei zugänglich. Sie ist für alle Unternehmen bindend, die ihren handelsrechtlichen Abschluss nach der „Verordnung über die Rechnungslegung von Pensionsfonds" kurz RechPensVoder „Verordnung über die Rechnungslegung von Versicherungsunternehmen" kurz RechVersVbilanzieren. Die RechPensV und die RechVersV, beide aktuell in der Fassung vom 9. Juni 2011, dienen primär der Erfüllung einer handelsrechtlichen Rechnungslegungspflicht. Sekundär unterstützen sie des Weiteren die Aufsicht der Versicherungsunternehmen durch die Bundesanstalt für Finanzdienstleistungsaufsicht. Die E-Bilanz-Taxonomie hingegen wurde als ein Instrument der Finanzverwaltung zur Optimierung der Steuererhebung konzipiert und umfasst im Wesentlichen die Berichtsteile:

- Bilanz
- Gewinn- und Verlustrechnung
- Anhangsangaben und
- weitere Informationen

Die ergänzende Taxonomie für Pensionsfonds und Versicherungsunternehmen beansprucht in Excel 2326 Zeilen, wegen Leerzeilen aber nicht ganz so viele nummerierte Detailangaben. Dennoch ist das der Finanzverwaltung zu meldende Datenvolumen sehr umfangreich. Einige Informationen sind zwingend, andere freiwillig. Die zwingend anzugebenden Daten werden in der Excel-Spalte „fiscal requirement" entweder mit „Mussfeld",

„Mussfeld, Kontonachweis erwünscht", „rechnerisch notwendig, soweit vorhanden" oder „Summenmussfeld" kenntlich gemacht. Die freiwilligen Felder sind nicht gesondert gekennzeichnet. Sie sind nur im Umkehrschluss zu den zwingend zu übermittelnden Feldern zu erkennen.

Die Existenz von freiwilligen Angaben innerhalb der Datenstruktur lässt jedoch vermuten, dass die Finanzverwaltung möglicherweise nach und nach die Freiwilligkeit reduzieren wird.

Zum „Anhang" und zum „Lagebericht" berichten Pensionsfonds und Versicherungsunternehmen – anders als Kreditinstitute ledig lich Textinformationen (Zeilen 1862 bis 1865 der Excel-Tab.). Es brauchen gegenüber den handelsrechtlichen Berichtpflichten keine zusätzlichen Informationen generiert werden, was vor allem bei kleinen und mittelgroßen Versicherungsunternehmen die Akzeptanz der E-Bilanz erhöhen dürfte.

Die Berichtsformate zur „Kapitalkontenentwicklung" und zum „Eigenkapitalspiegel" sind recht umfangreich (Zeilen 1866 bis 2023 bzw. 2024 bis 2068 der Excel-Tab.): Aus Sicht der Rechnungslegungspraxis dürfte die Zurverfügungstellung ohne größere Schwierigkeiten machbar sein. Zahlreiche Detailinformationen betreffen ausschließlich Unternehmen in der Rechtsform der Offenen Handelsgesellschaft und Kommanditgesellschaft. Doch diese Rechtsformen gehören nicht in den Rahmen der nach § 7 VAG zulässigen Rechtsformen. Auch weist die Liste aller zugelassenen Pensionsfonds und Versicherungsunternehmen der Bundesanstalt für Finanzdienstleistungsaufsicht (Stand Ende 2011) kein Pensionsfonds und kein Versicherungsunternehmen in der Rechtform der Offenen Handelsgesellschaft und Kommanditgesellschaft aus. Vermutlich wurden diese Berichtsformate unreflektiert aus der Kerntaxonomie übernommen.

Der nächstfolgende Berichtsbereich betrifft die „Kapitalflussrechnung" (Zeilen 2069 bis 2174 der Excel-Tab.). Auch hier scheint die speziell auf Pensionsfonds und Versicherungsunternehmen zugeschnittene, ersetzende Taxonomie ein Ergebnis partieller und schneller Übernahme. So sollte beispielsweise die Abfrage der Position „Einzahlungen aus der Aufnahme von Finanzkrediten bei Banken" (Zeile 2161 der Excel-Tab.) wegen des Kreditaufnahmeverbots bei Versicherungsgesellschaften überflüssig sein. Die Position „Einzahlungen aus dem Verkauf von konsolidierten Unternehmen und sonstigen Geschäftseinheiten" (Zeile 2136 der Excel-Tab.) mag zwar für eine betriebswirtschaftliche Analyse von Nutzen sein, betrifft in erster Linie aber den Konzernabschluss. Auch wenn aus der Tatsache des Verkaufs von konsolidierten Unternehmen und sonstigen Geschäftseinheiten ein vager Anhaltspunkt für eine verdeckte Sacheinlage oder verdeckte Gewinnausschüttung vermutet werden könnte. Dies ist aus einer Einzahlung jedoch nicht möglich.

Unter der Sektion „Steuerliche Modifikationen" (Zeilen 2175 bis 2195 der Excel-Tab.) fordert die Finanzverwaltung einige Einzelheiten zur „Überleitungsrechnung der Wertansätze aus der Handelsbilanz zur Steuerbilanz/Umgliederungsrechnung" an. Für kleinere und mittelgroße Pensionsfonds und Versicherungsunternehmen dürfte die Erstellung der Überleitungsrechnung keine nennenswerte Herausforderung darstellen. Bei Versicherungsunternehmen, ähnlich wie bei großen Unternehmen allgemein, seltener jedoch bei Pensionsfonds, hat sich die Erstellung der Steuerbilanz infolge zahlreicher Ansatz- und

Bewertungsunterschiede zwischen der Handels- und Steuerbilanz schon Ende des vergangenen Jahrhunderts verselbständigt. Es wird zwar auf dieselben Basisdaten zurückgegriffen, doch dann eigenständig weiterverarbeitet. Die im Einzelfall wegen Unpraktikabilität eingestellte Überleitungsrechnung wiederzubeleben, erscheint unangebracht.

Bei den „anderen Berichtsbestandteilen" sind eine Reihe von ausschließlich textlichen Informationen zu melden, die nicht unmittelbar der Steuererhebung dienlich sind, beispielsweise Bericht des Aufsichtsrats, Corporate Governance-Bericht, Hauptversammlungsunterlagen (Einladung, Tagesordnung, Beschlüsse) und Bericht zur Unternehmensführung (Zeilen 2196 bis 2206 der Excel-Tab.).

Die vorletzte Sektion betrifft die "Detailinformationen zu Position" (Zeilen 2207 bis 2211 der Excel-Tab.). Erwartet wird die Abgabe der Hauptabschlussübersicht, die vor allem bei der Durchführung der zukünftig permanenten Betriebsprüfung von Nutzen wäre. Was dann im letzten Abschnitt namens „steuerliche Gewinnermittlung" von der Finanzverwaltung verlangt wird, ist im Unternehmen ohnehin vorhanden, nämlich die üblichen Zu- und Abrechnungen, die bisher dem Steuerpflichtigen schon aus den bisherigen Steuerformularen bekannt sind (Zeilen 2212 bis 2326 der Excel-Tab.).

Auf einen weiteren Unterschied zur E-Bilanz-Taxonomie für Kreditinstitute soll hingewiesen werden. In der Spalte „position properties" der Excel-Tabelle stehen zwar Hinweise auf konkrete Fundstellen, nicht jedoch Verweise auf Empfehlungen/Standards des Deutschen Rechnungslegungs Standards Committee e. V. und des „Deutschen Corporate Governance Kodex" der Regierungskommission der Bundesrepublik Deutschland.

Trotz der Vielzahl der zu übermittelnden Information, auch solcher, die nicht unmittelbar der Steuerermittlung dienen, fällt dennoch auf, dass gemäß der E-Bilanz-Taxonomie für Pensionsfonds und Versicherungsunternehmen zwei steuerrelevante Teilaspekte gar nicht berichtspflichtig sind, nämlich die Berechnung der Schwankungsrückstellung und die jahrgangsmäßige Fortschreibung der Rückstellung für erfolgsabhängige Beitragsrückerstattung (RfB) speziell bei Lebensversicherungsunternehmen.

4.3.3   Ergänzende E-Bilanz-Taxonomie für Unternehmen bestimmter Branchen (ohne Banken, Pensionsfonds und Versicherungen)

Ausgangsformat für die Übermittlung der Steuerbilanz nebst Zusatzinformationen ist die sog. Kerntaxonomie, welche in bestimmten Fällen branchenabhängig ergänzt wird. (Vgl. Tab. 4.3) In der Terminologie der E-Bilanz spricht man diesbezüglich von ergänzender Kerntaxonomie. Sie (Singular) ist für Unternehmen bestimmter Branchen anzuwenden. Die Branchenzugehörigkeit ist jedoch nur eine Indikation. Weder Selbsteinschätzung noch beispielsweise Verbandszugehörigkeit sind festlegend, sondern die Pflicht, einen branchenspezifischen handelsrechtlichen Rechnungslegungslegungsstandard anzuwenden.

Anwendung ergänzender Kerntaxonomie

Die unter www.eSteuer.de abrufbare, gemeinsame Taxonomie für vorgenannte Unternehmen ist für jedermann als Microsoft Excel-Tab. (Dateiname: Branchentaxonomie_ungefiltert) und im XBRL-Format ohne Anmeldung und kostenfrei zugänglich.

Tab. 4.3 Ergänzende Taxonomie und Branchentyp

Branchenspezifische handelsrechtliche Rechnungslegungsnormen	Branchentyp
EBV u. a.	Kommunale Eigenbetriebe
KHBV	Krankenhäuser
BMELV-Musterabschluss	Land- und Forstwirtschaft
PBV	Pflegeeinrichtungen
JAbschlVUV	Verkehrsunternehmen
JAbschluWUV	Wohnungswirtschaft

Die ergänzende Taxonomie für bestimmte Branchen, nicht jedoch für Banken, Pensionsfonds und Versicherungen, umfasst in Excel 5826 Zeilen, wegen Leerzeilen aber nicht ganz so viele nummerierte Detailangaben. Dennoch ist das der Finanzverwaltung zu meldende Datenvolumen sehr umfangreich und wird zwischen der Finanzverwaltung und dem Steuerpflichtigen zu einem ganz erheblichen Abstimmungsbedarf führen. Seitens des Steuerpflichtigen bestehen zwei Herausforderungen:

1. Zuordnung bestehender branchenspezifischer Konten zu den relative generellen und
2. zusätzlich, erstmalig abgefragte Informationen.

Seitens der Finanzverwaltung werden dann im manuellen Nachgang zur elektronischen Auswertung vermutlich zahlreiche Auskünfte eingefordert, die mit „Ist die Position wirklich null oder finden sich Beträge fälschlicher Weise in anderen Positionen, vor allem im Sonstigen?" umrissen werden können. Der Zeitraum bis zur erstmaligen richtigen Anwendung der „Branchentaxonomie_ungefiltert" dürfte daher wesentlich länger sein als bei der Anwendung der ersetzenden Taxonomien für Banken, Pensionsfonds und Versicherungen. Neben diesen allgemeinen Schwierigkeiten ist auch die Größe der Unternehmen, die gemäß der „Branchentaxonomie_ungefiltert" berichten müssen, ein Faktum für den vermutlich längerem Zeitraum bis zur erstmaligen richtigen Anwendung dieser Taxonomie. Unternehmen der Branchen kommunale Eigenbetriebe, Krankenhäuser, Land- und Forstwirtschaft, Pflegeeinrichtungen, Verkehrsunternehmen und Wohnungswirtschaft sind ganz überwiegend kleine und mittelgroße Unternehmen i.s.v. § 267 HGB und meist keine kapitalmarktorientierten Kapitalgesellschaften (i.S.v. § 264 d HGB), so dass Informationssegmente wie Kapitalflussrechnung oder Segmentberichterstattung schlichtweg unternehmensfremd sind. Die tatsächliche Relevanz von Verweisen auf konkrete Rechnungslegungsstandards des Deutschen Rechnungslegungs Standards Committee e. V. würde daher oft sehr gering sein.

Abschließend ist festzustellen, dass die „Branchentaxonomie_ungefiltert" dem Oberziel einer einfacheren, d. h. selbst durchführbaren Steuerdeklaration, leider nur wenig dienlich ist. Aufzuführen ist des Weiteren, dass es den Unternehmen, welche von den branchenspezifischen Taxonomien betroffen sind, nicht möglich war an der Pilotierungsphase der elektronischen Bilanz teilzunehmen. Für den Zeitraum der Pilotierungsphase standen noch keine verwendbaren Branchentaxonomien zur Verfügung. Im Sinne der Gleichbehandlung von Unternehmen fühlen sich die Unternehmen, welche zur Verwendung der Branchentaxonomie verpflichtet sind, benachteiligt.

Für spezielle Branchen ergeben sich weiterhin auch spezielle Probleme. So bemängelt der Zentrale Kreditausschuss Risiken bei der Anwendung der elektronischen Bilanz. Seitens des Bundesministeriums der Finanzen ist die Verwendung des ElsterRich-Clients zwingend notwendig. Nach § 25a KWG sind Kreditinstitute zur Gewährung eines hohen IT-Sicherheitsstandards verpflichtet. Mit der Einrichtung des Elster Rich-Clients muss der Software ein Vollzugriff auf den Rechner gewährt werden. Dies sei eine nicht zeitgemäße Verpflichtung in der aktuellen IT-Struktur.[14] Es wird befürchtet, dass dadurch eine Schwachstelle in der Sicherheit der verwendeten Software entsteht und die Datensicherheit nicht mehr im geforderten Umfang gewährleistet werden kann.

Literatur

1. Scherfer, A. (2011). *Artikelserie zur E-Bilanz (Teil) IX*. Verlag Dashöfer GmbH.
2. Wittkowski, A., & Knopf, F. (2011). Brennpunkte der E-Bilanz: Was bereitet bei der E-Bilanz-Umstellung besondere Schwierigkeiten, und wie ist darauf zu reagieren? *Zeitschrift für Bilanzierung, Rechnungswesen und Controlling*, 10(2011), 441–446.

---

[14] Vgl. Stellungnahme der Verbände zu den Entwürfen der Branchen- und Ergänzungstaxonomie, durch den Zentralen Kreditausschuss 2011, S. 2 f.

Wesentliche Schritte zur Umsetzung im Unternehmen

5

In 2012 und 2013 werden sich viele Unternehmen zwangsweise mit der E-Bilanz beschäftigen. Die bisherigen Ausführungen legten hier eine theoretische Grundlage. Der folgende Abschnitt folgt dem Ziel, Unternehmen konkrete Hilfestellung bei der Umstellung auf die E-Bilanz zu geben.

Folgende Schritte sind in Unternehmen notwendig:

1. Aneignung des theoretischen Basiswissens
2. Analyse der Ist-Situation der Buchhaltung
3. Analyse der technischen Voraussetzungen im Unternehmen
4. Festlegung des Compliance-Levels (Soll-Zustand)
5. Feststellung des notwendigen Umstellungsbedarfs
6. Umsetzung der Umstellungsmaßnahmen und
7. Laufende Optimierung und Schulung

Ein erstes Vertrautmachen mit der E-Bilanz sollte als Grundlage für die weiteren Schritte dienen. Der Ist-Zustand sollte den aktuellen Zustand des Rechnungswesens, die Kompatibilität der eingesetzten Unternehmenssoftware mit den neuen Anforderungen der elektronischen Bilanz, die Grundlage des aktuell verwendeten Kontenrahmens sowie den Wissenstand der für die Erstellung und Übermittlung einer elektronischen Bilanz involvierten Mitarbeiter aufzeigen. Die Analyse gibt wesentliche Anhaltspunkte für die Einschätzung der unternehmensspezifischen Umstellungskosten.

Auf Basis der erhobenen Daten kann eine Auswertung vorgenommen werden. Ergebnis sollte ein Überblick sein, in wieweit welche Bereiche angepasst werden müssen um den Soll-Zustand zu erreichen. Der Soll-Zustand wird unter Berücksichtigung der veranschlagten Kosten festgelegt. Im Idealfall wurde der Soll-Zustand bereits zum 1. Januar 2012 erreicht und ermöglicht es dem Unternehmen das Wirtschaftsjahr 2012 bzw. 2012/2013 als eine Art Übungsjahr zu verwenden. Dies bietet den Vorteil der Erprobung einer Erstellung einer elektronischen Bilanz.

B. Feindt, N. Johannsen, *E-Bilanz*, DOI 10.1007/978-3-8349-3829-9_5,
© Gabler Verlag | Springer Fachmedien Wiesbaden 2012

5.1 Maßnahmen im Zuge der Ist-Analyse

Im Falle einer „Inhouse"-Erstellung der elektronischen Bilanz können vom Steuerpflichtigen folgende Schritte unternommen werden, um den Ist-Zustand im Unternehmen zu ermitteln. Eine Analyse der Bereiche Buchhaltung, interne Buchungssoftware und Wissenstand der involvierten Mitarbeiter sollte den erforderlichen Eindruck über die aktuelle Lage der Systemvoraussetzungen zur elektronischen Bilanz geben können.

Um einen umfassenden Überblick über alle buchungsrelevanten Softwareprogramme zu erhalten, kann eine umfassende Analyse veranlasst werden. Folgende Fragen sollte der Steuerpflichtige stellen und im Idealfall positiv beantworten können.

- Wird ein standardisierter Kontenrahmen verwendet?
- Werden Abweichungen zwischen Steuer- und Handelsbilanz für die Erstellung einer Überleitungsrechnung dokumentiert?
- Kann der aktuelle Kontenrahmen die in der Taxonomie geforderten Daten liefern? (vgl. 6.e. i „Mapping" im Rahmen der Kontenrahmenanalyse)
- Was wird in den Nebenbüchern geführt und inwiefern tangieren die steuerlichen Bewertungsgrundsätze die Nebenbücher?
- Kann die verwendete Software E-Bilanz konform buchen?
- Ist das Einführen einer parallelen Buchführung möglich?
- Besteht die Möglichkeit XBRL-Daten zu erstellen/zu verarbeiten?

Die Verwendung standardisierter Kontenrahmen ist in diesem Fall von Vorteil, da davon ausgegangen werden kann, dass der Softwareanbieter die hierin angesprochenen Konten standardmäßig korrekt mappt. Außerdem sollte davon ausgegangen werden können, dass der Anbieter auch künftige Veränderungen der Taxonomie, eventuell in Zukunft eingeführte zusätzliche Konten oder deren Wegfall eigenständig einpflegt. Zum Zeitpunkt der Erstellung dieses Buches waren die wesentlichen deutschen Softwareanbieter noch nicht in der Lage, ein funktionsfähiges und daher voll testbares System anzubieten. Der Anbieter DATEV konnte eine sogenannte „Arbeitshilfe Kontenzuweisung" und die Übersicht der vorgesehenen Zuordnungen der Konten vorweisen, das wir im vorliegenden Werk zugrunde legen. Die Finanzverwaltung plant ab Mai 2012, den Empfang von E-Bilanzen gemäß der endgültigen Taxonomie zu ermöglichen.

Der Steuerpflichtige sollte sich bei seinem Softwareanbieter erkundigen, ab wann ein lauffähiges System zu Verfügung stehen wird. Die Kompatibilität der Software mit dem XBRL-Format und mögliche Hilfestellungen des Dienstleisters sollten erfragt werden.

Sollte vom momentanen Softwaredienstleister keine XBRL-Format kompatible Lösung angeboten werden, oder diese nicht die gewünschten Ansprüche des Unternehmens gerecht werden, so kann ein Unternehmen den Wechsel des Softwareanbieters in Betracht ziehen und die dafür notwendigen Schritte gegebenenfalls einleiten.

Die umfassende Analyse aller Softwarekomponenten und deren Eigenschaften, gemessen an ihrer Kompatibilität und Wichtigkeit für die elektronische Bilanz, ist nur zu Beginn durchzuführen. Eine permanente Überprüfung auf Softwarekompatibilität mit aktualisierten Taxonomien oder neuen Vorschriften bleibt aber weiterhin nicht aus. Insbesondere die Pflicht zur Verwendung der aktuellen Taxonomie stellt die Unternehmen vor die Aufgabe der permanenten Aktualisierung ihrer Software und internen Abläufe zur Erstellung der elektronischen Bilanz. Wird der Steuerpflichtigen durch einen Steuerberater bei der Erstellung einer Bilanz und den dazugehörigen Komponenten unterstützt, sollte auch mit diesem Kontakt gehalten werden, inwieweit dieser mit den internen Programmen des Unternehmens kompatibel ist. Die Prüfung, ob die momentan verwendete Software in der Lage ist, einen zweiten parallelen Buchungskreis einzurichten, sollte nicht außer Acht gelassen werden. Gerade bei mittleren und großen Unternehmen könnte dies später von Bedeutung sein.

Der verwendete Kontenrahmen spielt eine wichtige Rolle, da dieser ausschlaggebend für die Kalkulation des Aufwandes im Zuge der Umstellung zur elektronischen Bilanz sein kann. Bei Verwendung eines Standardkontenrahmens hält sich der Aufwand eher gering, da eine E-Bilanz konforme Version von einigen Softwareanbietern vorgegeben wird. Wird ein individuell erstellter Kontenrahmen verwendet, so ist ein erheblich größerer Aufwand während der Prozessumstellung durch das eigenhändige Mapping zu erwarten.

5.2 Buchungsanweisungen

Das Bundesministerium der Finanzen setzte es sich als eine Art „Unterziel" bei der Einführung der elektronischen Bilanz, Eingriffe in das Buchungsverhalten der Unternehmen zu vermeiden. Die mittels DFÜ gesendete elektronische Bilanz soll zwar einen hohen Grad an Informationen und Standardisierung aufweisen, welche in die Datenbank des Risikomanagementsystems einfließen sollen, doch zugleich keinen Mehraufwand auf Seiten der Unternehmer verursachen. Die diesbezüglich eingeführten Auffangpositionen sollen den tiefen Eingriff in die unternehmensinterne Buchführung verhindern. Derzeit jedoch ist die zeitliche Gültigkeit der Auffangpositionen begrenzt. Die Auffangpositionen sollen nach einigen Jahren zugunsten einer besseren Vergleichbarkeit aller Unternehmensbilanzen weichen. Eine Anpassung des Kontenrahmes und des Buchungsverhalten des Unternehmens bleibt somit auch bei ausgiebiger Nutzung der Auffangpositionen zum heutigen Zeitpunkt zu erwarten.

Die Implementierung von neuen Konten wirkt sich auch auf das Buchungsverhalten des Unternehmens aus. Bestimme Geschäftsvorfälle müssen zur Schaffung einer Grundlage für die elektronische Bilanz in Zukunft anders gebucht werden, um eine ordnungsgemäße Zuordnung zu den vorgeschriebenen Positionen der Taxonomie zu ermöglichen.

Die Übermittlung einer Bilanz gemäß dem Umfang der HGB-Vorschriften ist möglich. Es können alle direkt ableitbaren Mussfelder mit Werten versehen werden. Alle nicht ableitbaren Konten der Buchhaltung werden in den geschaffenen Auffangpositionen zusammengefasst. Nicht befüllte Mussfelder werden mit dem NIL-Wert versehen. In der Prüfung des ERiCs würde eine solche Bilanz nicht zu einem Fehler führen (es wird davon ausgegangen das alle anderen Prüfungskriterien, wie z. B. rechnerische Richtigkeit, erfüllt werden). Einer Übermittlung an die Finanzbehörde steht somit nichts mehr entgegen. Allerdings muss dem Unternehmen klar sein, dass eine gestraffte Bilanz zur Einstufung in eine höhere Risikoklasse führen kann und somit die Wahrscheinlichkeit einer angesetzten Betriebsprüfung steigen wird.

▶   Eine elektronische Bilanz, die allen Taxonomiepositionen ohne Verwendung von Auffangpositionen nachkommt, sollte aus Sicht der Finanzverwaltung angestrebt werden. Im Idealfall würden sich die hierfür benötigten Daten direkt aus der Buchhaltung des Unternehmens ergeben. Ob der Steuerpflichtige mit seinem Unternehmen solch einen hohen Tax-Compliance-Level anstreben möchte, sollte er für sich selbst abwägen. Ergibt sich bereits heute schon die geforderte detailtiefe der Taxonomie aus seiner Buchhaltung, so ist er schon bestens vorbereitet. Falls dies nicht der Fall ist, gilt es zu prüfen, ob zumindest der Mindestumfang erfüllt wird.

Der Buchhaltungsprozess muss so aufgestellt werden, dass er mindestens die zwingend vorgeschriebenen Informationen im Unternehmen strukturiert erfasst und verbucht. Dies ist eine wichtige Voraussetzung, da die benötigten Informationen zur Gewährleistung des Mindestumfangs damit zur Verfügung stehen, darüber hinaus „lediglich" Optimierungsarbeit geleistet werden kann. Diese Optimierung kann auch Änderungen im Buchungsverhalten nach sich ziehen. Es beginnt ein Abwägen, wie viel Mehraufwand durch die detailliertere Buchführung dem Nutzen der detaillierteren elektronischen Bilanz gleich zu setzten mit der Chance, eine niedrigere Risikoeinstufung zu erlangen und somit die Chance einer Betriebsprüfung zu unterliegen zu minimierengegenüber steht. Soll die Buchhaltung noch weiter detailliert werden, liegt es nahe, dass neue Konten eingeführt werden müssen.

Kann der geforderte Mindestumfang noch nicht in der gewünschten Detailtiefe geliefert werden, so besteht umgehender Handlungsbedarf. Es gilt neue Konten einzuführen, Buchungsanweisungen zu ändern und die Mitarbeiter darauf vorzubereiten. Im Kap. 6.g stellen wir dar, welche Konten im SKR 04 neu eingeführt wurden und von Steuerpflichtigen in die Buchhaltung übernommen werden können.

Verfügt ein Unternehmen über ein Warenwirtschaftssystem, welches bestimmte Prozesse im Unternehmen automatisch verbucht, kann sich auch hier Änderungsbedarf ergeben. Sollten sich Änderungen in den Buchungsanweisungen hierzu ergeben, z. B. aufgrund einer steuerlich detaillierteren Aufteilung von Wareneinkäufen, so ist darauf frühestmöglich einzugehen. In Abhängigkeit davon, wie weitreichend diese Änderungen sind, gibt es verschiedene Lösungsansätze. Im Idealfall sind nur kleine Änderungen vorzunehmen, wobei diese später zu einer automatischen Bedienung von Mussfeldern der Taxonomie hinführen. Ist der Eingriff in das automatische Buchungsverfahren umfangreicher und der Weg zur automatischen Bebuchung der mit den Taxonomiepositionen verknüpften Konten nicht ohne größeren Aufwand realisierbar, muss mehr Zeit eingeplant werden. Es kann auf die Auffangpositionen der Taxonomie, falls für den entsprechenden Fall vorhanden, zurückgegriffen werden. Zwar ist deren dauerhafte Gültigkeit ungewiss, doch bieten diese vorerst Entlastung.

Falls Nebenbücher im Unternehmen geführt werden und diese mit dem Hauptbuch so verknüpft sind, dass (teilweise) automatisch Buchungen generiert werden, sind diese auch auf ihre aktuelle Rechtskonformität zu überprüfen.

Es ist sinnvoll, bereits unterjährig möglichst genau zu buchen und sich an der steuerlichen Differenzierung der Taxonomie orientieren. Auf Grundlage dieser Buchungen kann der Aufwand am Ende des Wirtschaftsjahres gering gehalten werden. Zu geringe Differenzierung birgt auch den Aufwand, im Nachhinein Informationen erheben zu müssen, um korrekt übermitteln zu können.

5.3 Schulung des Personals

Die Mitarbeiter und deren Fachwissen werden der Schlüssel zur erfolgreichen Umsetzung des Projektes elektronischen Bilanz sein. Es ist somit eine der wichtigsten Baustellen im Unternehmen, welchem eine hohe Beachtung zugemessen werden sollte.

Besteht im Bereich des IT-Personals Schulungsbedarf, so ist es ratsam, sich diesbezüglich mit dem Softwaredienstleister des jeweiligen Unternehmens in Verbindung zu setzten, der auch die IT-Betreuung des Unternehmens durchführt und die Buchhaltungssoftware bereitstellt. Möglicherweise bietet dieser direkt für die eigene Software Schulungen zur Umsetzung der elektronischen Bilanz an. Falls solche Angebote auf Seiten des Softwareanbieters nicht bestehen, können Unternehmen auch auf Schulungsangeboten von Fachverbänden zurückgreifen. Der IT-verantwortliche Mitarbeiter, welcher die technischen Schulungen zur Einführung der elektronischen Bilanz besucht hat, kann intern als Fachmann fungieren und die notwendigen Maßnahmen im Unternehmen einleiten, um den gewünschten Soll-Zustand im Unternehmen von technischer Seite aus zu erreichen.

Besteht bei Mitarbeitern des Rechnungswesens hinsichtlich der elektronischen Bilanz Schulungsbedarf, so ist diesem umgehend nachzukommen. Da die elektronische Bilanz den steuerlichen Aspekt betont, sollten die involvierten Mitarbeiter über ein das nötige steuerliche Wissen hierzu verfügen. Der hier bestehende Schulungsbedarf kann je nach Unternehmensgröße durch Veranstaltungen von Fachverbänden, Informationsveranstaltungen des Steuerberaters oder aber auch der Bereitstellung von Fachliteratur abgedeckt werden.

Nachdem beide Bereiche fachlich geschult wurden, steht die interne Zusammenführung zwischen IT und Buchhaltung an. Die IT-Abteilung installiert die neue Software oder das Softwareupdate im Unternehmen und informiert den Bereich Buchhaltung über die neu eingefügten Programmänderungen. Gegebenenfalls gibt sie Anweisungen zum Umgang mit der neuen Software.

5.4   Umsetzung in der EDV-Welt

Die technische Umsetzung der elektronischen Übermittlung von Bilanz sowie Gewinn-
und Verlustrechnung in den Unternehmen sollte nicht unmöglich sein, da einige Softwareanbieter bereits Erfahrung mit diesem Format haben, da XBRL-Schnittstellen bereits
verwendet werden (vgl. 3.c XBRL-Standard). Größere Herausforderungen können bei
individuellen Softwarelösungen, beispielsweise bei komplexen ERP-Systemen, auftreten.
Wird hingegen Standardsoftware ohne unternehmensspezifische Anpassungen eingesetzt,
sollten keine größeren Probleme auftreten.

Zur Erstellung und Übermittlung der elektronischen Bilanz bedarf es einer Softwarelösung. Deutlich wird dies schon bei der Erstellung. Hier ist eine manuelle Eingabe der
Daten in ein Erfassungstool von der Finanzbehörde nicht vorgesehen. Dies würde nach
Ansicht der Finanzverwaltung nicht mit dem Gedanken einer elektronisch erstellten Bilanz harmonieren.[1]

▶   Es kommt zur Frage: Wird der Steuerpflichtige seine elektronische Bilanz in
     Zukunft selbst anfertigen oder wir dies beim zuständigen Steuerberater in Auf-
     trag gegeben?

Tendiert der Steuerpflichtige dazu, die elektronische Bilanz selbst anzufertigen und hat
er im Zuge der Ist-Analyse gemerkt, dass sein Softwareanbieter noch keine Lösung für
die neuen Anforderungen bereitgestellt hat, sollte der Steuerpflichtige prüfen, ob dies in
Zukunft noch geschehen wird. Wird in Zukunft ein entsprechendes Update bereitgestellt,
so ist ferner zu prüfen, inwieweit hierfür zusätzliche Kosten zur Lizenzbeschaffung und
Wartung der Software anfallen. Nicht nur das Angebot des momentanen Softwareanbieters sollte vom Steuerpflichtigen einbezogen werden. Auch weitere Softwareanbieter stellen funktionsfähige Softwarelösungen bereit. Ist der Steuerpflichtige vielleicht sogar seit
längerem gewillt, seinen Softwareanbieter zu wechseln, kann die Umstellung auf die elektronische Bilanz einen günstigen Zeitpunkt zum Wechseln darstellen.

Sollte im Prozess der Ist-Zustand-Analyse herauskommen, dass die verwendete Software in der Lage ist, eine parallele Buchführung zu integrieren, so sollten insbesondere
mittelständische und größere Unternehmen abwägen, inwieweit es sich lohnen würde,
eine eigene Steuerbuchführung einzurichten. Im Zusammenhang mit der Frage, ob Steuer-
oder Handelsbilanz erstellt werden sollen, besitzt dieser Faktor eine besondere Bedeutung.

Wie genau die Übermittlung der elektronischen Bilanz mittels des ELSTER-Services
„ERiC" in die Softwarelösungen der Anbieter implementiert wird, ist unterschiedlich. Ge-
nauere Angaben hierzu kann der zuständige Softwareanbieter geben [1].

Plant der Steuerpflichtige, die elektronische Bilanz von seinem Steuerberater erstellen
zu lassen, kann davon ausgegangen werden, dass dort eine Softwarelösung vorhanden ist.

---

[1] Vgl. (Bundesministerium der Finanzen, 2011, FAQ E-Bilanz, 7. Technik der Übermittlung).

5.5 „Mapping" der Konten

Im Zuge der elektronischen Bilanz bedarf es einer Verbindung der Konten der Buchführung mit den Positionen der Taxonomie. Einer Position der Taxonomie werden ein oder
mehrere Konten aus der Buchhaltung zugeordnet. Dieser Vorgang wird als „Mapping" bezeichnet und ist den deutschen Unternehmen aus der Übermittlung der HGB-Bilanz an
den elektronischen Bundesanzeiger bekannt.

5.5.1 „Mapping" im Rahmen der Kontenrahmenanalyse

Eine Art „vorbereitendes Mapping" empfiehlt sich bei der Überprüfung, ob der aktuell
verwendete Kontenrahmen die in der E-Bilanz-Taxonomie geforderte Mussfeldtiefe ab-
bilden kann. Dies ist insofern wichtig, da der Steuerpflichtige im Rahmen der Ist-Zustand-
Analyse einen ersten Hinweis erlangen kann, ob neue Konten eingefügt werden müssen.
Im Hinblick auf die aktuelle E-Bilanz-Taxonomie, die sich sehr stark an den steuerlichen
Bewertungsgrundsätzen ausrichtet, ist dieser Schritt zwingend vorzunehmen. Eine ein-
heitliche Vorgabe von Seiten der Finanzverwaltung, welche Sachverhalte genau in eine
Position der Taxonomie einfließen sollen, existiert nicht. Als Orientierungshilfe kann dem
Steuerpflichtigen bei Unklarheiten zum Beispiel die von der DATEV eG veröffentlichte
„Arbeitshilfe Kontenzuweisung SKR03/SKR04 auf E-Bilanz Taxonomie" dienen. Es wird
hierbei aufgezeigt, welche Konten des jeweiligen Sachkontenrahmens in eine Taxonomieposition einfließen.

5.5.2 „Mapping" der Konten nach Abschluss der
Kontenrahmenänderungen

Nachdem der Steuerpflichtige für sein Unternehmen festgelegt hat, welche Konten neu
eingeführt werden sollen, gilt es, alle Konten der Buchführung mit den Positionen der
Taxonomie zu verbinden. Für die Zuordnung können verschiedene Beziehungen gesetzt
werden. Als zulässig gilt die Zusammenfassung von mehreren Konten der Buchführung
in einer Position der Taxonomie. Eine n:1-Beziehung wird eine solche Art der Zuordnung
genannt. Hierbei steht „n" steht für eine unbestimmte Menge an Buchhaltungskonten und
die Ziffer „1" für genau eine Position, in welcher die Werte der unbestimmten Menge zusammengefasst werden. (Abb. 5.1)
  Des Weiteren ist es zulässig, genau ein Konto der internen Buchführung einer Position
in der Taxonomie zuzuordnen. Diese Art der Verknüpfung wird 1:1-Beziehung genannt.
(Abb. 5.2)
  Bei einer 1:n-Beziehung verhält es sich nicht zwangsläufig identisch mit den vorangegangen Beziehungsbeispielen. Im Falle einer 1:n-Beziehung würde ein Konto der Unter-
nehmensbuchführung mehreren Position der Taxonomie zugeordnet werden. (Abb. 5.3)

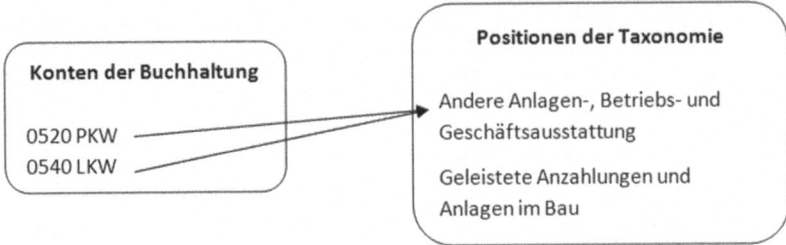

Abb. 5.1 Darstellung einer n:1-Beziehung. (Quelle: Konten aus SKR04 (DATEV eG), Taxonomie-positionen von www.esteuer.de)

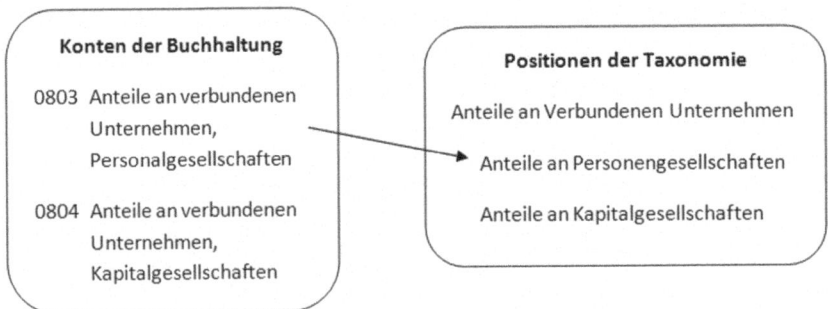

Abb. 5.2 Darstellung einer 1:1-Beziehung. (Quelle: Konten aus SKR04 (DATEV eG), Taxonomie-positionen von www.esteuer.de)

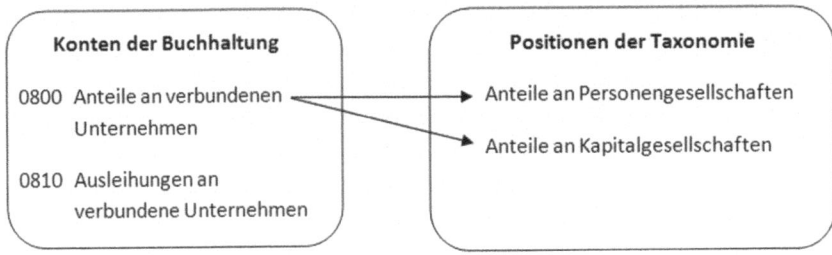

Abb. 5.3 Darstellung einer 1:n-Beziehung (Bezug der Buchung auf dem Konto zu den jeweiligen Unternehmensformen ersichtlich). (Quelle: Konten aus SKR04 (DATEV eG), Taxonomiepositionen von www.esteuer.de)

1:n-Beziehungen verschlechtern die Aussagekraft automatisierter Auswertungen der Finanzverwaltung. Laut Anwendungsschreiben des Bundesministeriums der Finanzen vom 28. September 2011 ist ein Mussfeld nur mit einem Wert zu befüllen, solang sich dieser Wert einwandfrei aus der Buchführung ableiten lässt, oder ein entsprechendes Konto in

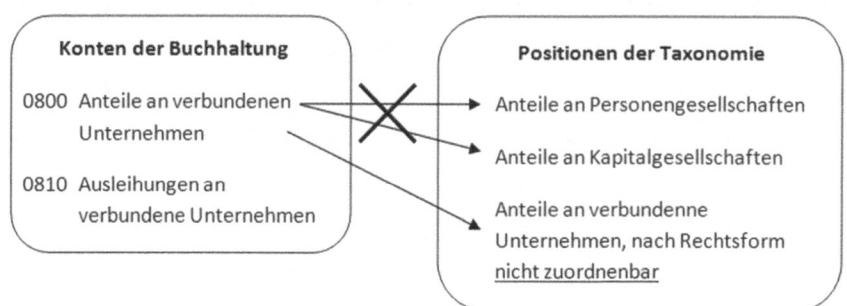

Abb. 5.4 Darstellung einer 1:n-Beziehung, in der die Werte nicht ableitbar sind und eine Auffang-position angesprochen wird. (Quelle: Konten aus SKR04 (DATEV eG), Taxonomiepositionen von www.esteuer.de)

der Buchführung geführt wird. Lassen sich, wie im obigen Schaubild angenommen, die Buchungen eindeutig erkennen, so müsste eine solche Zuordnung möglich sein. Genaueres ist hierzu aber auch nicht von der Finanzverwaltung bekannt gegeben. Ist keiner der beiden vorangestellten Punkte gegeben, so ist eine Befüllung des Mussfeldes mit dem NIL-Wert vorzunehmen. Ist also die einwandfreie Zuordnung bei einer 1:n-Beziehung nicht gegeben, gibt es verschiedene Alternativen. Dieser Sachverhalt kann in einer Auffangposition erfasst werden.[2] (Abb. 5.4)

Steht keine Auffangposition zur Verfügung, so sind alle Positionen der Unterebene mit dem NIL-Wert zu übermitteln und direkt in der zugehörigen Oberposition zusammen zu fassen [2].

Um dem Problem der 1:n-Beziehung entgegenzuwirken, kann der Kontenrahmen des Unternehmens angepasst werden [3]. Unter diesen Umständen ist abzuwägen, inwieweit sich die Einführung neuer Konten lohnt. Aufgegriffen an den Positionen und Konten des vorangegangen Schaubildes sollten folgende Überlegungen getätigt werden. An wie vielen verbundenen Unternehmen werden Anteile gehalten? Lassen sich die Rechtsformen der einzelnen Unternehmen aus der Buchung oder dem Anlagespiegel kenntlich machen? Falls ja, so sollte die erforderliche Ableitbarkeit unserer Meinung nach gegeben sein und keine Änderung des Kontenrahmens anfallen. Besteht jedoch keine Möglichkeit, die Rechtsformen zu erkennen, sollte die Einführung neuer Konten ernsthaft in Betracht gezogen werden.

▶   Im Zuge der Pilotierungsphase wurde das „Mapping" bereits von einigen Unternehmen elektronisch vorgenommen. Auch Softwareanbieter stellen für diesen Zweck implementierte Softwaretools zur Verfügung, welche den Steuerpflichtigen bei diesem Prozess unterstützen. Bei Verwendung eines individuellen Kontenrahmens kann dieser Vorgang einen erhöhten Mehraufwand bedeuten.

---

[2] Vgl. (WTS Infoletter 01/2011 E-Bilanz: Einführung mit Soft-Start, vom 30. September 2011).

Tab. 5.1 Legende

Name	Abkürzung
Mussfeld	Mussf.
Mussfeld, Kontonachweis erwünscht	Mussf. kto. Erwünscht
Rechnerisch notwendig, soweit vorhanden	Rech. not., soweit vorh.
Summenmussfeld	SumMussf.

Tab. 5.2 Visualisierter Mindestumfang einer Bilanz für ein EU

Name der Taxonomieposition	Eigenschaft der Position	Konten aus SKR 04
Immaterielle Vermögensgegenstände	SumMussf.	
Selbstgeschaffene gewerbliche Schutzrechte und ähnliche Rechte und Werte	Rech. not-. soweit vorh.	143 bis 149
Entgeltliche erworbene Konzessionen, gewerbliche Schutz- und ähnliche Rechte und Werte sowie Lizenzen an solchen Rechten und Werten	Mussf. kto. erwünscht	100 bis 142
Geschäfts-, Firmen- oder Praxiswert	Mussf. kto. erwünscht	150 bis 159
Geleistete Anzahlungen (immaterielle Vermögensgegenstände)	Mussf. kto. erwünscht	170 bis 199
Sonstige immaterielle Vermögensgegenstände	Mussf. kto. erwünscht	

5.6 Verknüpfung von Taxonomie und Kontenrahmen

Die nachstehenden Tabellen sollen zur Veranschaulichung des Mindestumfanges des Berichtsbestandteils „Bilanz" auf Grundlage der Taxonomie vom 14. September 2011[3] dienen. Als Mindestumfang führen wir auch sämtliche Positionen, die als „rechnerisch notwendig, soweit vorhanden" deklariert sind, mit auf. Aufgezeigt werden die für Einzelunternehmen, Personengesellschaften und Kapitalgesellschaften zwingend zu übermittelnden Positionen. Welche Konten in welche Position der Taxonomie einfließen, wird am Beispiel des SKR 04 der DATEV eG verdeutlicht.[4]

Folgende Legende gilt für die im Folgenden erstellten Tabellen. Tabelle 5.1 erläutert die in den folgenden Tabellen verwendeten Abkürzungen.

Die in Tab. 5.2 bis Tab. 5.3 abgebildeten Positionen bilden den Mindestumfang im Berichtsbestandteil „Bilanz" für ein EU.

Das Anlagevermögen im Berichtsbestandteil „Bilanz" ist, wie auch im HGB, in drei Bereiche zu unterteilen.

Die immateriellen Vermögensgegenstände lassen sich wie folgt abbilden:

---

[3] Inhalte der Taxonomie von www.esteuer.de. Zugegriffen: 16. Januar 2012.

[4] Rückschlüsse, welche Konten den Taxonomiepositionen zuzuordnen sind, beziehen sich auf das von der DATEV eG veröffentlichte Tool „Schnellzuweisung der Konten SKR03/SKR04".

Die zweite Tabelle soll die Pflichtfelder im Bereich der Sachanlagen abbilden:

Sachanlagen	SumMussf.	
Grundstücke, grundstücksgleiche Rechte und Bauten einschließlich der Bauten auf fremden Grundstücken	SumMussf.	
Unbebaute Grundstücke	Mussf. kto. erwünscht	215 bis 219, 225 bis 228
Grundstücksgleiche Rechte ohne Bauten	Mussf. kto. erwünscht	210 bis 214, 220 bis 224
Bauten auf eigenen Grundstücken und grundstücksgleichen Rechten	Mussf. kto. erwünscht	229 bis 289, 300 bis 319, 329
Bauten auf eigenen Grundstücken und grundstücksgleichen Rechten, davon Grund und Boden-Anteil	Mussf.	
Bauten auf fremden Grundstücken	Mussf. kto. erwünscht	330 bis 397
Übrige Grundstücke, nicht zuordenbar	Rech. not., soweit vorh.	200 bis 209, 290 bis 299, 320 bis 328, 398 und 399
Technische Anlagen und Maschinen	Mussf.	400 bis 499
Andere Anlagen, Betriebst- und Geschäftsausstattung	Mussf. kto. erwünscht	500 bis 699
Geschäfts- und Vorführwagen	Rech. not., soweit vorh.	
Geleistete Anzahlungen und Anlagen im Bau	Mussf. kto. erwünscht	700 bis 799
Sonstige Sachanlagen	Mussf.	

Im dritten Bereich des Anlagevermögens werden Finanzanlagen abgebildet:

Finanzanlagen	SumMussf.	
Anteile an verbundenen Unternehmen	SumMussf.	
Anteile an Personengesellschaften	Mussf. kto. erwünscht	803, 805 bis 807
Anteile an Kapitalgesellschaften	Mussf. kto. erwünscht	804 und 808
Anteile an verbundenen Unternehmen, nach Rechtsform nicht zuordenbar	Rech. not., soweit vorh.	800 bis 802 und 809
Ausleihungen an verbundene Unternehmen	SumMussf.	
Ausleihungen an verbundene Unternehmen, soweit PersG	Mussf. kto. erwünscht	813
Ausleihungen an verbundene Unternehmen, soweit KapG	Mussf. kto. erwünscht	814
Ausleihungen an verbundene Unternehmen, soweit EU	Rech. not., soweit vorh.	815 bis 819
Ausleihungen an verbundene Unternehmen, nach Rechtsform nicht zuordenbar	Rech. not., soweit vorh.	810 bis 812
Beteiligungen	SumMussf.	
Beteiligungen an PersG	Mussf. kto. erwünscht	860 bis 879
Beteiligungen an KapG	Mussf. kto. erwünscht	850 bis 859
Stille Beteiligungen	SumMussf.	

Finanzanlagen	SumMussf.	
Typisch stille Beteiligungen	Mussf. kto. erwünscht	830 bis 839
Atypisch stille Beteiligungen	Mussf. kto. erwünscht	840 bis 849
Sonstige Beteiligungen, nicht zuordenbar	Rech. not., soweit vorh.	820 bis 828
Ausleihungen an Unternehmen, mit denen ein Beteiligungsverhältnis besteht	SumMussf.	
Ausleihungen an PersG	Mussf. kto. erwünscht	883 und 884
Ausleihungen an KapG	Mussf. kto. erwünscht	885 bis 899
Ausleihungen an Unternehmen, mit denen ein Beteiligungsverhältnis besteht, nicht nach Rechtsform zuordenbar	Rech. not., soweit vorh.	880 bis 882
Wertpapiere des Anlagevermögens	Mussf.	900 bis 929
Sonstige Ausleihungen	Mussf.	930 bis 969
Sonstige Finanzanlagen	SumMussf.	
Genussrechte	Rech. not., soweit vorh.	
Genossenschaftsanteile (langfristig Verbleib)	Rech. not., soweit vorh.	980 bis 989
Rückdeckungsansprüche aus Lebensversicherungen (langfristig Verbleib)	Mussf.	990 bis 999
Stille Beteiligungen innerhalb der sonstigen Finanzanlagen	Rech. not., soweit vorh.	
Übrige sonstige Finanzanlagen/ nicht zuordenbare Finanzanlagen	Rech. not., soweit vorh.	

Die Oberposition „Umlaufvermögen" ist auf die Unterpositionen „Vorräte", „Forderungen" und sonstige Vermögensgegenstände", „Wertpapiere" und „Kassenbestand" etc. aufgegliedert. Diese Unterteilung ist bereits im § 266 HGB vorhanden.

Vorräte	SumMussf.	
Roh-, Hilfs- und Betriebsstoffe	Mussf.	1000 bis 1039
Unfertige Erzeugnisse, unfertige Leistungen	Mussf.	1040 bis 1089
Fertige Erzeugnisse und Waren	Mussf.	1100 bis 1179
Sonstige Vorräte	Rech. not., soweit vorh.	
Geleistete Anzahlungen (Vorräte)	Mussf.	1180 bis 1189
Vorräte, vor Absetzung von erhaltenen Anzahlungen	Rech. not., soweit vorh.	
Erhaltene Anzahlungen auf Bestellungen (offen aktivisch abgesetzt)	Rech. not., soweit vorh.	1190 bis 1199

Im Bereich der sonstigen Vermögensgegenstände besitzt nur eine Position die Eigenschaft als Mussfeld. In Folge dessen werden alle Positionen auf dieser Ebene zu rechnerisch notwendigen Positionen. Diese sind also nur auszufüllen, wenn Geschäftsfälle hierzu vorliegen und es Auswirkungen auf das obergeordnete Summenmussfeld hat (vgl. Abb. 3.6 rechnerisch notwendige Positionen). Im Sinne einer kompakten Abbildung wird dieser Abschnitt verkürzt abgebildet.

Forderungen und sonstige Vermögensgegenstände	SumMussf.	
Forderungen aus Lieferungen und Leistungen	Mussf.	1200 bis 1259, 9960
Forderungen aus dem Zentralregulierungs- und Delkrederegeschäft	Rech. not., soweit vorh.	
Forderungen gegen typisch stille Gesellschafter	Mussf.	
Forderungen gegen sonstige Gesellschafter	Rech. not., soweit vorh.	
Forderungen gegen verbundene Unternehmen	Mussf. kto. erwünscht	1260 bis 1279
Forderungen gegen Unternehmen, mit denen ein Beteiligungsverhältnis besteht	Mussf. kto. erwünscht	1280 bis 1297
Sonstige Vermögensgegenstände	SumMussf.	
Rückdeckungsansprüche aus Lebensversicherungen (kurzfristiger Verbleib)	Mussf.	1378 und 1379
Genussrechte	Rech. not., soweit vorh.	1393
…	Rech. not., soweit vorh.	

Wertpapiere des Umlaufvermögens	SumMussf.	
Anteile an verbundenen Unternehmen (Umlaufvermögen)	Mussf.	1500 bis 1504
Sonstige/nicht zuordenbare Wertpapiere des Umlaufvermögens	Mussf.	1510 bis 1549

So kompakt, wie die Darstellung der Wertpapiere im Umlaufvermögen ist, ist auch das Schema für den Kassenbestand etc.[5] gehalten.

---

[5] Bezieht sich auf den Gliederungspunkt B. IV. in § 266 HGB Abs. 2.

Kassenbestand, Bundesbankguthaben, Guthaben bei Kreditinstituten und Schecks	SumMussf.	
Schecks	Rech. not., soweit vorh.	1550 bis 1599
Kasse	Mussf. kto. erwünscht	1600 bis 1699
Bundesbankguthaben	Rech. not., soweit vorh.	1780 bis 1799
Guthaben bei Kreditinstituten	Rech. not., soweit vorh.	1700 bis 1779, 1800 bis 1894, 9962
Sonstige nicht zuordenbare flüssige Mittel	Rech. not., soweit vorh.	

Eigens für EU sind in der Kerntaxonomie Bilanzpositionen vorgesehen, die zur vereinfachten Abbildung von Privatentnahmen, Privateinlagen und ähnlichen Vorgängen dienen.

Privatkonto(Einzelunternehmen) [Aktivseite]	SumMussf.
Anfangskapital [Aktivseite]	Mussf.
Kapitalanpassung nach BilMoG	Rech. not., soweit vorh.
Kapitalanpassung	Mussf.
Einlagen [Aktivseite]	Mussf. kto. erwünscht
Entnahmen [Aktivseite]	Mussf. kto. erwünscht
Kapitaländerung durch Übertragung einer § 6b EStG Rücklage	Mussf.
Jahresüberschuss/-fehlbetrag [Aktivseite]	Mussf.

Des Weiteren befinden sich auf der Aktivseite der Bilanz Positionen, welche zwingend bzw. für den Fall, dass sich die rechnerische Notwendigkeit hierfür ergibt, zu übermitteln sind.

Bilanzsumme, Summe Aktiva	SumMussf.	
Bilanzierungshilfe	Rech. not., soweit vorh.	
Vermögensgegenstände zwischen Anlagevermögen und Umlaufvermögen	Rech. not., soweit vorh.	
Aktive Rechnungsabgrenzungsposten	Mussf.	1900 bis 1949
Aktive latente Steuern	Rech. not., soweit. vorh.	1950 bis 1999
Aktiver Unterschiedsbetrag aus der Vermögensverrechnung	Rech. not., soweit vorh.	1381, 1383 bis 1389
Aktiver Ausgleichsposten für Organschaftsverhältnisse beim Organträger	Mussf.	
Allgemeiner aktiver steuerlicher Ausgleichsposten	Rech. not., soweit vorh.	

Die Passivseite der Bilanz eines EU umfasst die im Folgenden genannten Positionen. Beginnend mit dem Eigenkapital, ergibt sich gleich eine Besonderheit für EU. So sind die im Bereich Privatkonto gekennzeichneten Positionen nur von einem Einzelunternehmen auszufüllen. Es befinden sich auf der folgenden Berichtsebene noch weitere Positionen, welche aber nur als rechnerisch Notwendig gekennzeichnet sind und somit nicht zwingend zu übermitteln sind.

Gezeichnetes Kapital/ Kapitalkonto/ Kapitalanteile	SumMussf.	
Privatkonto (Einzelunternehmen)	SumMussf.	
Anfangskapital [Privatkonto, Passivseite]	Mussf.	2000 bis 2049
Kapitalanpassung nach BilMoG [Privatkonto, Passivseite]	Rech. not., soweit vorh.	2963 bis 2969
Kapitalanpassung [Privatkonto, Passivseite]	Mussf.	
Einlagen [Privatkonto, Passivseite]	Mussf. kto. erwünscht	2350 bis 2399
Entnahmen [Privatkonto, Passivseite]	Mussf. kto. erwünscht	2100 bis 2349, 2400 bis 2499
Kapitaländerung durch die Übertragung einer § 6b EStG Rücklage	Mussf.	
Jahresüberschuss/-fehlbetrag [Privatkonto, Passivseite]	Mussf.	

Abweichend vom Bilanzschema einer auf § 266 HGB basierenden Bilanz, befinden sich auf gleicher Ebene mit der Position Eigenkapital zwei weitere Positionen mit jeweiligen Unterpositionen.

Sonderposten mit Rücklageanteil	SumMussf.	
Steuerfrei Rücklagen	SumMussf.	
Rücklage für Veräußerungsgewinne	Mussf.	2981
Rücklage für Zuschüsse	Rech. not., soweit vorh.	2988
Rücklage für Ersatzbeschaffung	Mussf.	2982 bis 2987
Rücklage durch Vornahme von Ansparabschreibungen	Rech. not., soweit vorh.	2998
Rücklage nach dem Steuerentlastungsgesetzt	Rech. not., soweit vorh.	2989
Übrige steuerfreie Rücklagen/nicht zuordenbare steuerfreie Rückstellungen	Rech. not., soweit vorh.	2980
Steuerliche Sonderabschreibungen	Rech. not., soweit vorh.	2990 bis 2994, 2997

Sonstige Sonderposten	SumMussf.	
Sonderposten für Investitionszulagen und für Zuschüsse Dritter	Rech. not., soweit vorh.	2999
Passiver Ausgleichsposten für Organschaftsverhältnisse beim Organträger	Mussf.	

Sonstige Sonderposten	SumMussf.	
Allgemeiner passiver steuerlicher Ausgleichsposten	Rech. not., soweit vorh.	
Andere Sonderposten	Mussf.	
Davon Auflösung des Ausgleichspostens bei Entnahmen § 4 EStG	Mussf.	2995 und 2996

Die detailliertere steuerliche Gliederung wird im Bereich der Rücklage sowie Rückstellungen erneut sichtbar. Auch kann die stärkere Untergliederung von die Gesellschafter betreffenden Sachverhalten hier wiedergefunden werden.

Rückstellungen für Pensionen und ähnliche Verpflichtungen	SumMussf.	
Davon Rückstellungen für Pensionen und ähnliche Verpflichtungen gegenüber Gesellschaftern oder nahestehenden Personen	Mussf.	
Rückstellungen für Direktzusagen	Mussf.	3000 bis 3010, 3015 bis 3019
Rückstellungen für Zuschussverpflichtungen für Pensionskassen und Lebensversicherungen (bei Unterdeckung oder Aufstockung)	Mussf.	3011 bis 3014
Rückstellungen für Pensionen oder ähnliche Verpflichtungen, nicht zuordenbar	Rech. not., soweit vorh.	
Steuerrückstellungen	Mussf. kto. erwünscht	3020 bis 3064, 3810 bis 3816
Sonstige Rückstellungen	Mussf. kto. erwünscht	3070 bis 3099

Auch im Bereich der Verbindlichkeiten wird die bereits erwähnte Gliederungstiefe, die Gesellschafter betrifft, wiedergefunden.

Verbindlichkeiten	SumMussf.	
Anleihen	Mussf.	3100 bis 3149
Sonstige Schuldtitel/sonstige Finanzschulden	Rech. not., soweit vorh.	
Verbindlichkeiten gegenüber Kreditinstitute	Mussf.	1895 bis 1899, 3150 bis 3249, 9963
Erhaltene Anzahlungen auf Bestellungen	Mussf. kto. erwünscht	3250 bis 3299
Verbindlichkeiten aus Lieferungen und Leistungen	Mussf.	3300 bis 3349, 9292 und 9964
Verbindlichkeiten aus Zentralregulierungs- und Delkrederegeschäft	Mussf.	
Verbindlichkeiten aus der Annahme gezogener Wechsel und der Ausstellung eigener Wechsel	Mussf.	3350 bis 3399

Verbindlichkeiten	SumMussf.	
Verbindlichkeiten gegenüber GmbH-Gesellschaftern und stillen Gesellschaftern	Mussf. kto. erwünscht	
Verbindlichkeiten gegenüber verbundene Unternehmen	Mussf. kto. erwünscht	3400 bis 3449
Verbindlichkeiten gegenüber Unternehmen, mit denen ein Beteiligungsverhältnis besteht	Mussf. kto. erwünscht	3450 bis 3499
Sonstige Verbindlichkeiten	SumMussf.	

Tab. 5.3 Visualisierter Mindestumfang einer Bilanz für eine PersG

Immaterielle Vermögensge- genstände	SumMussf.	
Selbst geschaffene gewerbliche Schutzrechte und ähnliche Rechte und Werte	Rech. not., soweit vorh.	143 bis 149
Entgeltlich erworbene Konzessionen, gewerbliche Schutz- und ähnliche Rechte und Wert sowie Lizenzen an solchen Rechten und Werte	Mussf. kto. erwünscht	100 bis 142
Geschäfts-, Firmen- und Praxiswert	Mussf. kto. erwünscht	150 bis 169
Geleistete Anzahlungen (immaterielle Vermögensgegenstände)	Mussf. kto. erwünscht	170 bis 199
Sonstige immaterielle Vermögensgegenstände	Rech. not., soweit vorh.	

Die unter „sonstige Verbindlichkeiten" befindlichen Unterpositionen sind alle als „rechnerisch notwendig, soweit vorhanden" ausgewiesen und deswegen nur zu bedienen, falls diese angesprochen werden, bzw. die rechnerische Richtigkeit der Oberposition (Summenmussfeld) nicht gegeben ist. Weitere, noch nicht erwähnte Positionen der Passiva sind zum einen die als „Mussfeld" vermerkte Position „passive Rechnungsabgrenzungsposten" sowie die Position „passive latente Steuern", die als „rechnerisch notwendig, soweit vorhanden" vermerkt ist.

Für PersG hat die Finanzverwaltung eine eigene, verpflichtende Darstellung der Taxonomie veröffentlicht. Diese geht auf die besonderen Bedürfnisse der Bilanz von PersG ein und filtert nicht relevante Taxonomie-Positionen heraus. Nachstehend geben wir einen Überblick über die jeweiligen Taxonomie-Positionen, die zwingend und teilweise auch zur Wahrung der rechnerischen Richtigkeit auszufüllen sind.

Sachanlagen	SumMussf.	
Grundstücke, grundstücksgleiche Rechte und Bauten einschließlich der Bauten auf fremden Grundstücken	SumMussf.	
Unbebaute Grundstücke	Mussf. kto. erwünscht	215 bis 219, 225 bis 228
Grundstücksgleiche Rechte ohne Bauten	Mussf. kto. erwünscht	210 bis 214, 220 bis 224
Bauten auf eigenen Grundstücken und grundstücksgleichen Rechten	Mussf. kto. erwünscht	229 bis 289, 300 bis 319 und 329
Bauten auf eigenen Grundstücken und grundstücksgleichen Rechten, davon Grund und Boden-Anteil	Mussf.	
Bauten auf fremden Grundstücken	Mussf. kto. erwünscht	330 bis 397
Übrige Grundstücke, nicht zuordenbar	Rech. not., soweit vorh.	200 bis 209 und 290 bis 299 und 320 bis 328 und 398 und 399
Technische Anlagen und Maschinen	Mussf.	400 bis 499
Andere Anlagen, Betriebs- und Geschäftsausstattung	Mussf. kto. erwünscht	500 bis 699
Geschäfts- und Vorführwagen	Rech. not., soweit vorh.	
Geleistete Anzahlungen und Anlagen im Bau	Mussf. kto. erwünscht	700 bis 799
Sonstige Sachanlagen	Mussf.	

Finanzanlagen	SumMussf.	
Anteile an verbundenen Unternehmen	SumMussf.	
Anteile an Personengesellschaften	Mussf. kto. erwünscht	803 und 805 bis 807
Anteile an Kapitalgesellschaften	Mussf. kto. erwünscht	804 und 808
Anteile an verbundenen Unternehmen, nach Rechtsform nicht zuordenbar	Rech. not., soweit vorh.	800 bis 802 und 809
Ausleihungen an Gesellschafter	SumMussf.	
Ausleihungen an GmbH-Gesellschafter und stille Gesellschafter	Mussf. kto erwünscht	
Ausleihungen an persönlich haftende Gesellschafter	Mussf. kto. erwünscht	
Ausleihungen an Kommanditisten	Mussf. kto. erwünscht	
Ausleihungen an verbundene Unternehmen	SumMussf.	
Ausleihungen an verbundene Unternehmen, soweit PersG	Mussf. kto. erwünscht	813
Ausleihungen an verbundene Unternehmen, soweit KapG	Mussf. kto. erwünscht	814

Finanzanlagen	SumMussf.	
Ausleihungen an verbundene Unternehmen, soweit EU	Rech. not., soweit vorh.	815 bis 819
Ausleihungen an verbundene Unternehmen, nach Rechtsform nicht zuordenbar	Rech. not., soweit vorh.	810 bis 812
Beteiligungen	SumMussf.	
Beteiligungen an PersG	Mussf. kto. erwünscht	860 bis 879
Beteiligungen an KapG	Mussf. kto. erwünscht	829 und 850 bis 859
Stille Beteiligungen	SumMussf.	
Typisch stille Beteiligungen	Mussf. kto. erwünscht	830 bis 839
Atypisch stille Beteiligungen	Mussf. kto. erwünscht	840 bis 849
Sonstige Beteiligungen, nicht zuordenbar	Rech. not., soweit vorh.	820 bis 828
Ausleihungen an Unternehmen, mit denen ein Beteiligungsverhältnis besteht	SumMussf.	
Ausleihungen an PersG	Mussf. kto. erwünscht	883 und 884
Ausleihungen an KapG	Mussf. kto. erwünscht	885 bis 899
Ausleihungen an Unternehmen, mit denen ein Beteiligungsverhältnis besteht, nicht nach Rechtsform zuordenbar	Rech. not., soweit vorh.	880 bis 882
Wertpapiere des Anlagevermögens	Mussf.	900 bis 929
Sonstige Ausleihungen	Mussf.	930 bis 969
Sonstige Finanzanlagen	SumMussf.	
Genussrechte	Rech. not., soweit vorh.	
Genossenschaftsanteile (langfristig Verbleib)	Rech. not., soweit vorh.	980 bis 989
Rückdeckungsansprüche aus Lebensversicherungen (langfristig Verbleib)	Mussf.	990 bis 999
Stille Beteiligungen innerhalb der sonstigen Finanzanlagen	Rech. not., soweit vorh.	
Übrige sonstige Finanzanlagen/ nicht zuordenbare Finanzanlagen	Rech. not., soweit vorh.	

Im Bereich des Umlaufvermögens stehen der PersG mehr Positionen zur Verfügung, als es bei einem EU der Fall ist. Deutlich wird dies im Bereich der Forderungen, da Forderungen gegen Gesellschafter detailliert anzugeben sind.

Vorräte	SumMussf.	
Roh-, Hilfs- und Betriebsstoffe	Mussf.	1000 bis 1039
Unfertige Erzeugnisse, unfertige Leistungen	Mussf.	1040 bis 1089
Fertige Erzeugnisse und Waren	Mussf.	1100 bis 1179
Sonstige Vorräte	Rech. not., soweit vorh.	
Geleistete Anzahlungen (Vorräte)	Mussf.	1180 bis 1189

Vorräte	SumMussf.	
Vorräte, vor Absetzung von erhaltenen Anzahlungen	Rech. not., soweit vorh.	
Erhaltene Anzahlungen auf Bestellungen (offen aktivisch abgesetzt)	Rech. not., soweit vorh.	1190 bis 1199

Forderungen und sonstige Vermögensgegenstände	**SumMussf.**	**1250 bis 1257**
Forderungen aus Lieferungen und Leistungen	Mussf.	1200 bis 1249, 1258 und 1259, 9960
Forderungen aus dem Zentralregulierungs- und Delkrederegeschäft	Rech. not., soweit vorh.	
Forderungen gegen Gesellschafter	SumMussf.	
Forderungen gegen persönlich haftende Gesellschafter	Mussf.	1317 bis 1319
Forderungen gegen Kommanditisten und atypisch stille Gesellschafter	Mussf.	1327 bis 1329
Forderungen gegen typisch stille Gesellschafter	Mussf.	1337 bis 1339
Forderungen gegen sonstige Gesellschafter	Rech. not., soweit vorh.	1330 bis 1336
Einzahlungsverpflichtung persönlich haftender Gesellschafter	SumMussf.	
Einzahlungsverpflichtung persönlich haftender Gesellschafter	Mussf.	
Einzahlungsverpflichtung von Kommanditisten	Mussf. kto. erwünscht	
Forderungen gegen verbundene Unternehmen	Mussf. kto. erwünscht	1260 bis 1279
Forderungen gegen Unternehmen, mit denen ein Beteiligungsverhältnis besteht	Mussf. kto. erwünscht	1280 bis 1297
Eingeforderte noch ausstehende Kapitaleinlagen persönlich haftender Gesellschafter	Rech. not., soweit vorh.	60 bis 69, 9540 bis 9549
Eingeforderte noch ausstehende Kapitaleinlagen Kommanditisten	Rech. not., soweit vorh.	80 bis 89
Sonstige Vermögensgegenstände	SumMussf.	1495 bis 1497
Rückdeckungsansprüche aus Lebensversicherungen (kurzfristiger Verbleib)	Mussf.	1378 und 1379
Genussrechte	Rech. not., soweit vorh.	1393
…	Rech. not., soweit vorh.	

Die sonstigen Vermögensgegenstände werden hier verkürzt dargestellt, da nur eine Unterposition als Mussfeld zwingend zu übermitteln ist. Die weiteren Positionen auf dieser Berichtsebene sind durch dieses Mussfeld zwangsläufig zu rechnerisch notwendigen Positionen geworden, welche nur zu befüllen sind, wenn die Summe der Oberposition nicht mit der Summe der in den Unterpositionen beschriebenen Werten übereinstimmt.

Die Wertpapiere, der Kassenbestand etc. sind von PersG in der Detailtiefe so abzubilden, wie es auch von EU verlangt wird.

Wertpapiere des Umlaufvermögens	SumMussf.	
Anteile an verbundenen Unternehmen (Umlaufvermögen)	Mussf.	1500 bis 1504
Sonstige/nicht zuordenbare Wertpapiere des Umlaufvermögens	Mussf.	1510 bis 1549

Kassenbestand, Bundesbankguthaben, Guthaben bei Kreditinstituten und Schecks	SumMussf.	
Schecks	Rech. not., soweit vorh.	1550 bis 1599
Kasse	Mussf. kto. erwünscht	1600 bis 1699
Bundesbankguthaben	Rech. not., soweit vorh.	1780 bis 1799
Guthaben bei Kreditinstituten	Rech. not., soweit vorh.	1700 bis 1779, 1800 bis 1894, 9962
Sonstige nicht zuordenbare flüssige Mittel	Rech. not., soweit vorh.	

Umfassende Erläuterungen sind von PersG zu dem Bereich „nicht durch Vermögenseinlagen gedeckter Verlustanteil" abzugeben.

Nicht durch Eigenkapital gedeckter Fehlbetrag/ nicht durch Vermögenseinlagen gedeckter Verlustanteil	SumMussf.	
Nicht durch Vermögenseinlagen gedeckter Verlustanteil der persönlich haftenden Gesellschafter [Aktivseite]	SumMussf.	9883 und 9885
Nicht gedeckter Verlustanteil persönlich haftender Gesellschafter [Aktivseite], Summe Anfangskapital	Mussf.	
Nicht gedeckter Verlustanteil persönlich haftender Gesellschafter [Aktivseite], Summe Kapitalanpassung nach BilMoG	Mussf.	
Nicht gedeckter Verlustanteil persönlich haftender Gesellschafter [Aktivseite], Summe Kapitalanpassung	Rech. not., soweit vorh.	
Nicht gedeckter Verlustanteil persönlich haftender Gesellschafter [Aktivseite], Summe Einlagen	Mussf. kto. erwünscht	
Nicht gedeckter Verlustanteil persönlich haftender Gesellschafter [Aktivseite], Summe Entnahmen	Mussf. kto. erwünscht	
Nicht gedeckter Verlustanteil persönlich haftender Gesellschafter [Aktivseite], Summe Kapitaländerung durch Übertragung einer § 6b EStG Rücklage	Mussf.	

Nicht durch Eigenkapital gedeckter Fehlbetrag/ nicht durch Vermögenseinlagen gedeckter Verlustanteil	SumMussf.	
Nicht gedeckter Verlustanteil persönlich haftender Gesellschafter [Aktivseite], Summe Jahresüberschuss	Mussf.	
Nicht gedeckter Verlustanteil persönlich haftender Gesellschafter [Aktivseite], Summe Kapitalumgliederung	Rech. not., soweit vorh.	
Nicht durch Vermögenseinlagen gedeckter Verlustanteil der Kommanditisten [Aktivseite]	SumMussf.	9884 und 9886
Nicht gedeckter Verlustanteil Kommanditisten [Aktivseite], Summe Anfangskapital	Mussf.	
Nicht gedeckter Verlustanteil Kommanditisten [Aktivseite], Summe Kapitalanpassung nach BilMoG	Mussf.	
Nicht gedeckter Verlustanteil Kommanditisten [Aktivseite], Summe Kapitalanpassung	Rech. not., soweit vorh.	
Nicht gedeckter Verlustanteil Kommanditisten [Aktivseite], Summe Einlagen	Mussf. kto. erwünscht	
Nicht gedeckter Verlustanteil Kommanditisten [Aktivseite], Summe Entnahmen	Mussf. kto. erwünscht	
Nicht gedeckter Verlustanteil Kommanditisten [Aktivseite], Summe Kapitaländerung durch Übertragung einer § 6b EStG Rücklage	Mussf.	
Nicht gedeckter Verlustanteil Kommanditisten [Aktivseite], Summe Jahresüberschuss	Mussf.	
Nicht gedeckter Verlustanteil Kommanditisten [Aktivseite], Summe Kapitalumgliederung	Rech. not., soweit vorh.	
Gesellschafterdarlehen mit Eigenkapital-Charakter [Aktivseite]	Rech. not., soweit vorh.	
Nachrangiges Kapital [Aktivseite]	Rech. not., soweit vorh.	
Einlagen stiller Gesellschafter mit Eigenkapital-Charakter [Aktivseite]	Rech. not., soweit vorh.	
Rücklagen (gesamthänderisch gebunden)	Rech. not., soweit vorh.	

Weitere auszuweisende Positionen auf der Aktivseite des Berichtsbestandteils „Bilanz" sind zwar meist mit der Eigenschaft „rechnerisch notwendig, soweit vorhanden" in der Spalte „fiscal requirement" der Taxonomie versehen, trotzdem sollen diese hier auch für eine PersG kenntlich gemacht werden.

Bilanzsumme, Summe Aktiva	SumMussf.	
Bilanzierungshilfe	Rech. not., soweit vorh.	
Vermögensgegenstände zwischen Anlagevermögen und Umlaufvermögen	Rech. not., soweit vorh.	
Aktive Rechnungsabgrenzungsposten	Mussf.	1900 bis 1949
Aktive latente Steuern	Rech. not., soweit vorh.	1950 bis 1999

Bilanzsumme, Summe Aktiva	SumMussf.	
Aktiver Unterschiedsbetrag aus der Vermögensverrechnung	Rech. not., soweit vorh.	1381 und 1383 bis 1389
Aktiver Ausgleichsposten für Organschaftsverhältnisse beim Organträger	Mussf.	
Allgemeiner aktiver steuerlicher Ausgleichsposten	Rech. not., soweit. vorh.	
Sonstige Aktiva	Rech. not., soweit vorh.	

Die intensivste Abweichung auf der Passivseite einer für PersG aufzustellende Bilanz im Vergleich zu einem EU oder einer KapG ist im Bereich des Eigenkapitals zu erkennen. Es sind voluminöse Angaben zum gezeichneten Kapital vorzunehmen.

Gezeichnetes Kapital/Kapitalkonto/Kapitalanteile	SumMussf.	
Kapitalanteile der persönlich haftenden Gesellschafter	SumMussf.	2000 bis 2019, 2100 bis 2399, 9500 bis 9519, 9530 bis 9539
Kapitalanteile der persönlich haftenden Gesellschafter, Summe Anfangskapital	Mussf.	
Kapitalanteile der persönlich haftenden Gesellschafter, Summe Kapitalanpassung nach BilMoG	Rech. not., soweit vorh.	
Kapitalanteile der persönlich haftenden Gesellschafter, Summe Kapitalanpassung	Mussf.	
Kapitalanteile der persönlich haftenden Gesellschafter, Summe Einlagen	Mussf. kto. erwünscht	
Kapitalanteile der persönlich haftenden Gesellschafter, Summe Entnahmen	Mussf. kto. erwünscht	
Kapitalanteile der persönlich haftenden Gesellschafter, Summe Kapitaländerung durch Übertragung einer § 6b EStG Rücklage	Mussf.	
Kapitalanteile der persönlich haftenden Gesellschafter, Summe Jahresüberschuss	Mussf.	
Kapitalanteile der persönlich haftenden Gesellschafter, Summe Kapitalumgliederung	Mussf.	
Nicht geforderte ausstehende Einlagen der persönlich haftenden Gesellschafter	Rech. not., soweit vorh.	50 bis 59
Kapitalanteile der Kommanditisten	SumMussf.	2050 bis 2069, 9400 bis 9499, 9550 bis 9569
Kapitalanteile der Kommanditisten, Summe Anfangskapital	Mussf.	
Kapitalanteile der Kommanditisten, Summe Kapitalanpassung nach BilMoG	Rech. not., soweit vorh.	

Gezeichnetes Kapital/Kapitalkonto/Kapitalanteile	SumMussf.	
Kapitalanteile der Kommanditisten, Summe Kapitalanpassung	Mussf.	
Kapitalanteile der Kommanditisten, Summe Einlagen	Mussf. kto. erwünscht	
Kapitalanteile der Kommanditisten, Summe Entnahmen	Mussf. kto. erwünscht	
Kapitalanteile der Kommanditisten, Summer Kapitaländerung durch Übertragung einer § 6b EStG Rücklage	Mussf.	
Kapitalanteile der Kommanditisten, Summe Jahresüberschuss	Mussf.	
Kapitalanteile der Kommanditisten, Summe Kapitalumgliederung	Mussf.	
Nicht eingeforderte ausstehende Einlagen der Kommanditisten	Rech. not., soweit vorh.	70 bis 79

Weitere Positionen auf der gleichen Ebene wie „gezeichnetes Kapital" ohne weitere Unterpositionen sind von der Finanzverwaltung in der Spalte „fiscal requirement" als „rechnerisch notwendig, soweit vorhanden" deklariert. Nachstehend nehmen wir deswegen keinen Bezug auf diese Positionen, sondern gehen näher auf die Rücklagen ein.

Rücklagen (gesamthänderisch gebunden)	SumMussf.	2935 bis 2969
Rücklage für Anteile an einem herrschenden oder mehrheitlich beteiligten Unternehmen	Rech. not., soweit vorh.	2935 bis 2939
Satzungsmäßige Rücklagen	Mussf.	2950 bis 2959
Gewinnrücklage mit Ausschüttungssperre für aktivierte Aufwendungen für die Ingangsetzung und Erweiterung des Geschäftsbetriebs	Rech. not., soweit vorh.	
Gewinnrücklage mit Ausschüttungssperre für einen aktivierten Abgrenzungsposten für latente Steuern	Rech. not., soweit vorh.	
Gewinnrücklage mit Ausschüttungssperre für aktivierte Aufwendungen im Zusammenhang mit der Euro-Umstellung	Rech. not., soweit vorh.	
Gewinnrücklage mit Ausschüttungssperre für selbst geschaffene immaterielle Vermögensgegenstände des Anlagevermögens unter Berücksichtigung der darauf entfallenden latenten Steuern	Rech. not., soweit vorh.	
Gewinnrücklage mit Ausschüttungssperre für zum beizulegenden Zeitwert bilanzierte Vermögensgegenstände, soweit dieser die Anschaffungskosten übersteigt Berücksichtigung der darauf entfallenden passiven latenten Steuern	Rech. not., soweit vorh.	
Sonderrücklage	Mussf.	
Sonderrücklage, Erläuterungen zur Sonderrücklage	Mussf.	
Andere Gewinnrücklage	Mussf.	

Rücklagen (gesamthänderisch gebunden)	SumMussf.	2935 bis 2969
Andere Ergebnisrücklagen	Rech. not., soweit vorh.	
Steuerliche Ausgleichsposten z. B. nach Betriebsprüfung	Rech. not., soweit vorh.	
Währungsumrechnungsdifferenzen	Rech. not., soweit vorh.	
Nicht durch Eigenkapital gedeckter Fehlbetrag (Passivausweis)	Rech. not., soweit vorh.	

Es folgen überwiegend steuerlich motivierte Positionen:

Sonderposten mit Rücklageanteil	SumMussf.	
Steuerfrei Rücklagen	SumMussf.	
Rücklage für Veräußerungsgewinne	Mussf.	2981
Rücklage für Zuschüsse	Rech. not., soweit vorh.	2988
Rücklage für Ersatzbeschaffung	Mussf.	2982 bis 2987
Rücklage durch Vornahme von Ansparabschreibungen	Rech. not., soweit vorh.	2998
Rücklage nach dem Steuerentlastungsgesetzt	Rech. not., soweit vorh.	2989
Übrige steuerfreie Rücklagen/nicht zuordenbare steuerfreie Rückstellungen	Rech. not., soweit vorh.	2980
Steuerliche Sonderabschreibungen	Rech. not., soweit vorh.	2990 bis 2994, 2997

Sonstige Sonderposten	SumMussf.	
Einlagen stiller Gesellschafter	Rech. not., soweit vorh.	9295 und 9296
Sonderposten für Investitionszulagen und für Zuschüsse Dritter	Rech. not., soweit vorh.	2999
Ausgleichsposten für aktivierte Bilanzierungshilfen (PersG)	Rech. not., soweit vorh.	9882
Passiver Ausgleichsposten für Organschaftsverhältnisse beim Organträger	Mussf.	
Allgemeiner passiver steuerlicher Ausgleichsposten	Rech. not., soweit vorh.	
Andere Sonderposten	Mussf.	
Davon Auflösung des Ausgleichspostens bei Entnahmen § 4 EStG	Mussf.	2995 und 2996

Keine Unterschiede zwischen der Darstellung von Positionen in der Bilanz eines EU bzw. einer PersG ergeben sich im Bereich der Rückstellungen.

Rückstellungen für Pensionen und ähnliche Verpflichtungen	SumMussf.	
Davon Rückstellungen für Pensionen und ähnliche Verpflichtungen gegenüber Gesellschaftern oder nahestehenden Personen	Mussf.	
Rückstellungen für Direktzusagen	Mussf.	3000 bis 3010, 3015 bis 3019
Rückstellungen für Zuschussverpflichtungen für Pensionskassen und Lebensversicherungen (bei Unterdeckung oder Aufstockung)	Mussf.	3011 bis 3014
Rückstellungen für Pensionen oder ähnliche Verpflichtungen, nicht zuordenbar	Rech. not., soweit vorh.	
Steuerrückstellungen	Mussf. kto. erwünscht	3020 bis 3064, 3810 bis 3816
Sonstige Rückstellungen	Mussf. kto. erwünscht	3070 bis 3099

Im Bereich der Verbindlichkeiten erleiden PersG einen Mehraufwand an auszufüllenden Positionen. Auch hier betrifft es wieder hauptsächlich die Verbindlichkeiten gegenüber Gesellschaftern, die in Zukunft detaillierter anzugeben sind als bisher.

Verbindlichkeiten	SumMussf.	
Anleihen	Mussf.	3100 bis 3149
Sonstige Schuldtitel/sonstige Finanzschulden	Rech. not., soweit vorh.	
Verbindlichkeiten gegenüber Kreditinstituten	Mussf.	1895 bis 1899, 3150 bis 3249, 9963
Erhaltene Anzahlungen auf Bestellungen	Mussf. kto. erwünscht	3250 bis 3299
Verbindlichkeiten aus Lieferung und Leistung	Mussf.	3300 bis 3339, 3349, 9292 und 9964
Verbindlichkeiten aus Lieferung und Leistung, davon gegen Gesellschafter	Mussf.	3340 bis 3348
Verbindlichkeiten aus dem Zentralregulierungs- und Delkrederegeschäft	Mussf.	
Verbindlichkeiten aus der Annahme gezogener Wechsel und der Ausstellung eigener Wechsel	Mussf.	3350 bis 3399
Verbindlichkeiten gegenüber Gesellschaften	SumMussf.	
Verbindlichkeiten gegenüber Gesellschaftern, davon mit Restlaufzeit bis 1 Jahr gegenüber GmbH-Gesellschaftern und stillen Gesellschaftern	Mussf. kto. erwünscht	3655 bis 3656
Verbindlichkeiten gegenüber Gesellschaftern, davon mit Restlaufzeit bis 1 Jahr und Verbindlichkeiten gegenüber persönlich haftenden Gesellschaftern	Mussf. kto. erwünscht	3645 und 3646

Verbindlichkeiten	SumMussf.	
Verbindlichkeiten gegenüber Gesellschaftern, davon mit Restlaufzeit bis 1 Jahr und Verbindlichkeiten gegenüber Kommanditisten	Mussf. kto. erwünscht	3650 bis 3651
Verbindlichkeiten gegenüber GmbH-Gesellschaftern und stillen Gesellschaftern	Mussf. kto. erwünscht	
Verbindlichkeiten gegenüber persönlich haftenden Gesellschaftern	Mussf. kto. erwünscht	2020 bis 2029, 9520 bis 9529
Verbindlichkeiten gegenüber Kommanditisten	Mussf. kto. erwünscht	2070 bis 2079, 2500 bis 2799, 9570 bis 9579
Verbindlichkeiten gegenüber verbunden Unternehmen	Mussf. kto. erwünscht	3400 bis 3449
Verbindlichkeiten gegenüber Unternehmen, mit denen ein Beteiligungsverhältnis besteht	Mussf. kto. erwünscht	3450 bis 3499
Sonstige Verbindlichkeiten	SumMussf.	
Sonstige Verbindlichkeiten gegenüber Gesellschaftern	Mussf.	3657 bis 3694
…	Rech. not., soweit vorh.	

Im Bereich der sonstigen Verbindlichkeiten wurden in der obigen Darstellung einige Positionen ausgelassen. Bei den nicht erwähnten Positionen handelt es sich um Positionen, die als rechnerisch notwendig deklariert wurden und deswegen nicht in jedem Fall übermittelt werden müssen.

Weitere Passiv-Positionen, die sich auf gleicher Berichtsebene wie die Position Eigenkapital oder Verbindlichkeiten befinden und noch nicht erwähnt wurden, sollen nun kurz benannt werden. Zum einen ist die als Mussfeld deklarierte Position „passive Rechnungsabgrenzungsposten" zwingend zu übermitteln, was aber keine besonderen Schwierigkeiten nach sich ziehen wird, da diese Position bereits jetzt schon bekannt dürfte. Berücksichtigt werden sollten aber Änderungen an der Bewertung von Geschäftsvorfällen, die in die passive Rechnungsabgrenzung einfließen, welche nicht im Zusammenhang mit der Einführung der elektronischen Bilanz einhergehen. Gemeint sind hier unter anderem Änderungen die z. B. durch das BilMoG hervorgerufen wurden.[6] Die zweite, bis jetzt noch nicht im Zusammenhang mit PersG erläuterte Position der Taxonomie, ist die Position „passive latente Steuern", welche als rechnerisch notwendige Position nicht in jedem Fall zu übermitteln ist.

Die dritte unternehmensformspezifische Betrachtung der Taxonomie ist die Abbildung für KapG. Es ergibt sich auch hier ein Mindestumfang, der weit über 100 Positionen beinhaltet. Beginnend mit der Aktiva der Bilanz findet sich hier das bereits bekannte Gliederungsschema im Bereich des Anlagevermögens wieder.

---

[6] Bezugnahme auf die Änderung § 250 Abs. 1 S. 2 HGB.

Tab. 5.4 Visualisierter Mindestumfang einer Bilanz für eine KapG	**Immaterielle Vermögensgegenstände**	**SumMussf.**	
	Selbst geschaffene gewerbliche Schutzrechte und ähnliche Rechte und Werte	Rech. not., soweit vorh.	143 und 149
	Entgeltlich erworbene Konzessionen, gewerbliche Schutz- und ähnliche Rechte und Werte sowie Lizenzen an solchen Rechten und Werten	Mussf. kto. erwünscht	100 bis 142
	Geschäfts-, Firmen- und Praxiswert	Mussf. kto. erwünscht	150 bis 169
	Geleistete Anzahlungen (immaterielle Vermögensgegenstände)	Mussf. kto. erwünscht	170 bis 199
	Sonstige immaterielle Vermögensgegenstände	Mussf. kto. erwünscht	

Sachanlagen	**SumMussf.**	
Grundstücke, grundstücksgleiche Rechte und Bauten einschließlich der Bauten auf fremden Grundstücken	SumMussf.	
Unbebaute Grundstücke	Mussf. kto. erwünscht	215 bis 219, 225 bis 228
Grundstücksgleiche Rechte ohne Bauten	Mussf. kto. erwünscht	210 bis 214, 220 bis 224
Bauten auf eigenen Grundstücken und grundstücksgleichen Rechten	Mussf. kto. erwünscht	230 bis 289, 300 bis 319
Bauten auf eigenen Grundstücken und grundstücksgleichen Rechten, davon Grund und Boden-Anteil	Mussf.	
Bauten auf fremden Grundstücken	Mussf. kto. erwünscht	330 bis 397
Übrige Grundstücke, nicht zuordenbar	Rech. not., soweit vorh.	200 bis 209, 290 bis 299, 320 bis 328, 398 und 399
Technische Anlagen und Maschinen	Mussf.	400 bis 499
Andere Anlagen, Betriebs- und Geschäftsausstattung	Mussf. kto. erwünscht	500 bis 699
Geschäfts- und Vorführwagen	Rech. not., soweit vorh.	
Geleistete Anzahlungen und Anlagen im Bau	Mussf. kto. erwünscht	700 bis 799
Sonstige Sachanlagen	Mussf.	

Finanzanlagen	SumMussf.	
Anteile an verbundenen Unternehmen	SumMussf.	
Anteile an PersG	Mussf. kto. erwünscht	803, 805 bis 807
Anteile an KapG	Mussf. kto. erwünscht	804, 808
Anteile an verbundenen Unternehmen, nach Rechtsform nicht zuordenbar	Rech. not., soweit vorh.	800 bis 802, 809
Ausleihungen an Gesellschafter	SumMussf.	
Ausleihungen an GmbH-Gesellschafter und stille Gesellschafter	Mussf. kto. erwünscht	
Ausleihungen an verbundene Unternehmen	SumMussf.	
Ausleihungen an verbundene Unternehmen, soweit PersG	Mussf. kto. erwünscht	813
Ausleihungen an verbundene Unternehmen, soweit KapG	Mussf. kto. erwünscht	814
Ausleihungen an verbundene Unternehmen, soweit EU	Rech. not., soweit vorh.	815 bis 819
Ausleihungen an verbundene Unternehmen, nach Rechtsform nicht zuordenbar	Rech. not., soweit vorh.	810 bis 812
Beteiligungen	SumMussf.	
Beteiligungen an PersG	Mussf. kto. erwünscht	860 bis 879
Beteiligungen an KapG	Mussf. kto. erwünscht	850 bis 859
Stille Beteiligungen	SumMussf.	
Typisch stille Beteiligungen	Mussf. kto. erwünscht	830 bis 839
Atypisch stille Beteiligungen	Mussf. kto. erwünscht	840 bis 849
Sonstige Beteiligungen, nicht zuordenbar	Rech. not., soweit vorh.	820 bis 828
Ausleihungen an Unternehmen, mit denen ein Beteiligungsverhältnis besteht	SumMussf.	
Ausleihungen an PersG	Mussf. kto. erwünscht	883 und 884
Ausleihungen an KapG	Mussf. kto. erwünscht	885 bis 899
Ausleihungen an Unternehmen, mit denen ein Beteiligungsverhältnis besteht, nach Rechtsform nicht zuordenbar	Rech. not., soweit vorh.	880 bis 882
Wertpapiere des Anlagevermögens	Mussf.	900 bis 929
Sonstige Ausleihungen	Mussf.	930 bis 979
Sonstige Finanzanlagen	SumMussf.	
Genussrechte	Rech. not., soweit vorh.	

Finanzanlagen	SumMussf.	
Genossenschaftsanteile (langfristiger Verbleib)	Rech. not., soweit vorh.	980 bis 989
Rückdeckungsansprüche aus Lebensversicherungen (langfristiger Verbleib)	Mussf.	990 bis 999
Stille Beteiligungen innerhalb der sonstigen Finanzanlagen	Rech. not., soweit vorh.	
Übrige sonstige Finanzanlagen/ nicht zuordenbare Finanzanlagen	Rech. not., soweit vorh.	

Das Umlaufvermögen ist für Kapitalgesellschaften in seinen Oberpositionen identisch mit denen im § 266 HGB. Für die Vorräte sind nur die bereits im HGB vermerkten Unterpositionen als Mussfeld zwingend zu befüllen, auch bestehen keine Abweichungen in diesen Bereich zu anderen Unternehmensformen.

Vorräte	SumMussf.	
Roh-, Hilfs- und Betriebsstoffe	Mussf.	1000 bis 1039
Unfertige Erzeugnisse, unfertige Leistungen	Mussf.	1040 bis 1089
Fertige Erzeugnisse und Waren	Mussf.	1100 bis 1179
Sonstige Vorräte	Rech. not., soweit vorh.	
Geleistete Anzahlungen (Vorräte)	Mussf.	1180 bis 1189
Vorräte, vor Absetzung von erhaltenen Anzahlungen	Rech. not., soweit vorh.	
Erhaltene Anzahlungen auf Bestellungen (offen aktivisch abgesetzt)	Rech. not., soweit vorh.	1190 bis 1199

Im Bereich der Forderungen sind einige Positionen zu übermitteln, welche für PersG und EU nicht bestehen. Es handelt sich hier um Informationen über Körperschaftssteuerguthaben. Diese sind aber auch nur als rechnerisch notwendig deklariert. Im Sinne einer kompakten Darstellung der sonstigen Vermögensgegenstände gehen wir nur auf die in diesem Bereich spezifischen Konten für Kapitalgesellschaften ein.

Forderungen und sonstige Vermögensgegenstände	SumMussf.	1299
Forderungen aus Lieferung und Leistung	Mussf.	1200 bis 1259, 9960
Forderungen aus dem Zentralregulierungs- und Delkrederegeschäft	Rech. not., soweit vorh.	
Forderungen gegen Gesellschafter	SumMussf.	
Forderungen gegen GmbH-Gesellschafter	Mussf. kto. erwünscht	
Forderungen gegen typisch stille Gesellschafter	Mussf.	
Forderungen gegen sonstige Gesellschafter	Rech. not., soweit vorh.	

Forderungen und sonstige Vermögensgegenstände	SumMussf	1299
Forderungen gegen verbundene Unternehmen	Mussf. kto. erwünscht	1260 bis 1279
Forderungen gegen Unternehmen, mit denen ein Beteiligungsverhältnis besteht	Mussf. kto. erwünscht	1280 bis 1297
Eingeforderte noch ausstehende Kapitaleinlagen	Rech. not., soweit vorh.	1298
Sonstige Vermögensgegenstände	SumMussf.	
Rückdeckungsansprüche aus Lebensversicherungen (kurzfristiger Verbleib	Mussf.	1378 und 1379
Körperschaftsteuerüberzahlung	Rech. not., soweit vorh.	1450 und 1451
Körperschaftssteuerguthaben nach § 37 KStG	Rech. not., soweit vorh.	1452 bis 1455
…	Rech. not., soweit vorh.	

Die Angaben zu Wertpapiere im Umlaufvermögen erfahren in der für Kapitalgesellschaf-ten gültigen Taxonomie eine kleine Erweiterung. Die Position „eigene Anteile" wurde als „rechnerisch notwendig, soweit vorhanden" implementiert.

Wertpapiere des Umlaufvermögens	SumMussf.	
Anteile an verbundenen Unternehmen (Umlaufvermögen)	Mussf.	1500 bis 1504
Eigene Anteile	Rech. not., soweit vorh.	
Sonstige/nicht zuordenbare Wertpapiere des Umlaufvermögens	Mussf.	

Im letzten Gliederungspunkt des Umlaufvermögens gemäß § 266 HGB sind keine spezifi-schen Erweiterungen für Kapitalgesellschaften zu verzeichnen. Es gilt das bereits bekannte Taxonomieschema, wie es auch für EU und PersG verpflichtend anzuwenden ist.

Kassenbestand, Bundesbankguthaben, Guthaben bei Kreditinstituten und Schecks	SumMussf	
Schecks	Rech. not., soweit vorh.	1550 bis 1599
Kasse	Mussf.	1600 bis 1699
Bundesbankguthaben	Rech.not., soweit vorh.	1780 bis 1799
Guthaben bei Kreditinstituten	Rech. not., soweit vorh.	1700 bis 1779, 1800 bis 1894, 9962
Sonstige nicht zuordenbare flüssige Mittel	Rech. not., soweit vorh.	

Auch bei KapG befinden sich auf der Aktivseite der Bilanz diverse Positionen, welche auf gleicher Berichtsebene wie die Oberposition „Anlagevermögen" oder „Umlaufvermögen" liegen. Einige von ihnen sind identisch mit dem Schema einer HGB-Bilanz und direkt in die Taxonomie übernommen worden.

Bilanzsumme, Summe Aktiva	SumMussf.	
Rückständige Einzahlung	Rech. not., soweit vorh.	2 bis 39, 41 bis 49
Bilanzierungshilfe	Rech. not., soweit vorh.	
Vermögensgegenstände zwischen Anlagevermögen und Umlaufvermögen	Rech. not., soweit vorh.	
Aktive Rechnungsabgrenzungsposten	Mussf.	1900 bis 1949
Aktive latente Steuern	Rech. not., soweit vorh.	1950 bis 1999
Aktiver Unterschiedsbetrag aus Vermögensverrechnung	Rech. not., soweit vorh.	1381, 1383 bis 1389
Aktiver Ausgleichsposten für Organschaftsverhält-nisse beim Organträger	Mussf.	
Allgemeiner aktiver steuerlicher Ausgleichsposten	Rech. not., soweit vorh.	
Sonstige Aktiva	Rech. not., soweit vorh.	

Die Passiva der Bilanz hat einige umgehende Änderungen erfahren. Bereits im Gliederungspunkt Eigenkapital sind einige Positionen zu verzeichnen, die nur für Unternehmen, die die Taxonomie für Kapitalgesellschaften anwenden, von Bedeutung sind.

Gezeichnetes Kapital/Kapitalkonto/Kapitalanteile	SumMussf.	
Nicht eingeforderte ausstehende Einlagen (offen passivisch abgesetzt)	Rech. not., soweit vorh.	2910 bis 2919
Gezeichnetes Kapital (Kapitalgesellschaften)	Mussf.	2900 bis 2908
Eigene Anteile – offene vom gezeichneten Kapital abgesetzt	Rech. not., soweit vorh.	2909
Geschäftsguthaben der Genossen	Rech. not., soweit vorh.	
Gesellschafterdarlehen mit EK-Charakter	Rech. not., soweit vorh.	
Genussrechtskapital mit Eigenkapital-Charakter	Rech. not., soweit vorh.	
Nachrangiges Kapital (Eigenkapital-Charakter)	Rech. not., soweit vorh.	
Einlagen stiller Gesellschafter mit EK-Charakter	Rech. not., soweit vorh.	

Gezeichnetes Kapital/Kapitalkonto/Kapitalanteile	SumMussf.	
Kapitalrücklagen	Mussf.	2920 bis 2929
Gewinnrücklagen/Ergebnisrücklagen	SumMussf.	2935 bis 2969
Gesetzliche Rücklagen	Mussf.	2930 bis 2934
Rücklagen für Anteile an einem herrschenden oder mehrheitlich beteiligten Unternehmen	Rech. not., soweit vorh.	
Satzungsmäßige Rücklagen	Mussf.	
Gewinnrücklagen mit Ausschüttungssperre für aktivierte Aufwendungen für die Ingangsetzung und Erweiterung des Geschäftsbetriebs	Rech. not., soweit vorh.	
Gewinnrücklagen mit Ausschüttungssperre für einen aktivierten Abgrenzungsposten für latente Steuern	Rech. not., soweit vorh.	
Gewinnrücklagen mit Ausschüttungssperre für aktivierte Aufwendungen im Zusammenhang mit der Euro-Umstellung	Rech. not., soweit vorh.	
Gewinnrücklagen mit Ausschüttungssperre für selbst geschaffene immaterielle Vermögensgegenstände des Anlagevermögens unter Berücksichtigung der darauf entfallenden passiven latenten Steuern	Rech. not., soweit vorh.	
Gewinnrücklagen mit Ausschüttungssperre für zum beizulegenden Zeitwert bilanzierte Vermögensgegenstände, soweit dieser die Anschaffungskosten übersteigt unter Berücksichtigung der darauf entfallenden passiven latenten Steuern	Rech. not., soweit vorh.	
Sonderrücklage	Mussf.	
Sonderrücklage, Erläuterungen zur Sonderrücklage	Mussf.	
Andere Gewinnrücklage	Mussf.	
Andere Ergebnisrücklage	Rech. not., soweit vorh.	
Gewinn-/Verlustvortrag – bei Kapitalgesellschaften	Mussf.	2970 bis 2978
Jahresüberschuss/-fehlbetrag (Bilanz) – bei Kapitalgesellschaften	Mussf.	
Steuerlicher Ausgleichsposten z. B. nach Betriebsprüfung	Rech. not. soweit vorh.	
Bilanzgewinn/Bilanzverlust (Bilanz) – bei Kapitalgesellschaften	Mussf.	
Währungsumrechnungsdifferenzen	Rech. not., soweit vorh.	
Nicht durch Eigenkapital gedeckter Fehlbetrag (Passivausweis)	Rech. not., soweit vorh.	

Die Taxonomie sieht auch für Kapitalgesellschaften die Positionen „Sonderposten mit Rücklageanteil" und „Sonstige Sonderposten" als zwingend zu übermittelnde Summenmussfelder vor.

Sonderposten mit Rücklageanteil	SumMussf.	
Steuerfreie Rücklagen	SumMussf.	
Rücklage für Veräußerungsgewinne	Mussf.	2981
Rücklage für Zuschüsse	Rech. not., soweit vorh.	2988
Rücklage für Ersatzbeschaffung	Mussf.	2982 bis 2987
Rücklage durch Vornahme von Ansparabschreibungen	Rech. not., soweit vorh.	2998
Rücklage nach dem Steuerentlastungsgesetzt	Rech. not., soweit vorh.	2989
Übrige steuerfreie Rücklagen/nicht zuordenbare steuerfreie Rücklagen	Rech. not., soweit vorh.	2980
Steuerliche Sonderabschreibungen	Rech. not., soweit vorh.	2990 bis 2994, 2997

Sonstige Sonderposten	SumMussf.	
Sonderposten für Investitionszulagen und für Zuschüsse Dritter	Rech. not., soweit vorh.	2999
Ausgleichsposten für aktivierte eigene Anteile	Rech. not., soweit vorh.	
Passiver Ausgleichsposten für Organschaftsverhältnisse beim Organträger	Mussf.	
Allgemeiner passiver steuerlicher Ausgleichsposten	Rech. not., soweit vorh.	
Noch nicht verbrauchte Spendenmittel	Rech. not., soweit vorh.	
Andere Sonderposten	Mussf.	
Davon Auflösung des Ausgleichspostens bei Entnahmen § 4 g EStG	Mussf.	2995 bis 2996

Die Positionen im Bereich der Rückstellungen finden sich in ihrer Art der Gliederung auch im HGB wieder, wobei die Position „Rückstellungen für Pensionen und ähnliche Verpflichtungen" als Summenmussfeld fungiert. Weitere Unterpositionen sind hier als Mussfeld vorgesehen.

Rückstellungen für Pensionen und ähnliche Verpflichtungen	SumMussf.	
Davon Rückstellungen für Pensionen und ähnliche Verpflichtungen gegenüber Gesellschaftern oder nahestehenden Personen	Mussf.	3005 bis 3008
Rückstellungen für Direktzusagen	Mussf.	3000 bis 3004, 3009 und 3010, 3015 bis 3019
Rückstellungen für Zuschussverpflichtungen für Pensionskassen und Lebensversicherungen (bei Unterdeckung oder Aufstockung)	Mussf.	3011 bis 3014
Rückstellungen für Pensionen und ähnliche Verpflichtungen, nicht zuordenbar	Rech. not., soweit vorh.	

Rückstellungen für Pensionen und ähnliche Verpflichtungen	SumMussf	
Steuerrückstellungen	Mussf. kto. erwünscht	3020 bis 3064, 3810 bis 3816
Sonstige Rückstellungen	Mussf. kto. erwünscht	3070 bis 3099

Bei den Positionen der Verbindlichkeiten ergeben sich nur vereinzelte Änderungen für Kapitalgesellschaften.

Verbindlichkeiten	SumMussf.	
Anleihen	Mussf.	3100 bis 3149
Sonstige Schuldtitel/sonstige Finanzschulden	Rech. not., soweit vorh.	
Verbindlichkeiten gegenüber Kreditinstituten	Mussf.	1895 bis 1899, 3150 bis 3249, 9963
Erhaltene Anzahlungen auf Bestellungen	Mussf. kto. erwünscht	3250 bis 3299
Verbindlichkeiten aus Lieferung und Leistung	Mussf.	3300 bis 3349, 9292 und 9964
Verbindlichkeiten aus Lieferung und Leistung, davon gegenüber Gesellschafter	Mussf.	
Verbindlichkeiten aus dem Zentralregulierungs- und Delkrederegeschäft	Mussf.	
Verbindlichkeiten aus der Annahme gezogener Wechsel und der Ausstellung eigener Wechsel	Mussf.	3350 bis 3399
Verbindlichkeiten gegenüber Gesellschaftern	SumMussf.	
Verbindlichkeiten gegenüber Gesellschafter, davon mit Restlaufzeit bis 1 Jahr gegenüber GmbH-Gesellschaftern und stillen Gesellschaftern	Mussf. kto. erwünscht	
Verbindlichkeiten gegenüber GmbH-Gesellschaftern und stillen Gesellschaftern	Mussf. kto. erwünscht	
Verbindlichkeiten gegenüber verbundenen Unternehmen	Mussf. kto. erwünscht	3400 bis 3449
Verbindlichkeiten gegenüber Unternehmen, mit denen ein Beteiligungsverhältnis besteht	Mussf. kto. erwünscht	3450 bis 3499
Sonstige Verbindlichkeiten	SumMussf.	
Sonstige Verbindlichkeiten gegenüber Gesellschaftern	Mussf.	3510 bis 3519, 3640 bis 3644
Sonstige Verbindlichkeiten aus Steuern	Rech. not., soweit vorh.	3700 bis 3719, 3726 bis 3739, 3760 bis 3769, 3800 bis 3809, 3817 bis 3899

Verbindlichkeiten	SumMussf.	
Sonstige Verbindlichkeiten im Rahmen der sozialen Sicherheit	Rech. not., soweit vorh.	3740 bis 3759, 3770 bis 3785
Sonstige Verbindlichkeiten aus genossenschaftlicher Rückvergütung	Rech. not., soweit vorh.	
Sonstige Verbindlichkeiten gegenüber Mitarbeitern	Rech. not., soweit vorh.	3720 bis 3725
Sonstige Verbindlichkeiten aus partiarischen Darlehen	Rech. not., soweit vorh.	3540 bis 3549
Sonstige Verbindlichkeiten gegenüber Arbeitsgemeinschaften	Rech. not., soweit vorh.	3611 bis 3619
Sonstige Verbindlichkeiten aus Genussrechen mit Fremdkapitalcharakter	Rech. not., soweit vorh.	
Übrige sonstige Verbindlichkeiten	Rech. not., soweit vorh.	1495 bis 1497, 3500 bis 3508, 3520 bis 3539, 3550 bis 3610, 3620 bis 3639, 3655 bis 3694, 3786 bis 3790, 9293 und 9294, 9611

Weitere, noch nicht erwähnte Positionen sind „passive Rechnungsabgrenzung", die als Mussfeld definiert wird, und „passive latente Steuern", welche als „rechnerisch notwendig" deklariert wird.

Zur weiteren Veranschaulichung bilden wir die Mindestangaben im GCD-Modul der Taxonomie vom 14. September 2011 ab, ergänzt um einige Angaben der Test GmbH, wie das GCD-Modul eventuell ausgefüllt werden könnte. (Tab. 5.5)

Im Zuge unserer fiktiven Kapitalgesellschaft „Test GmbH" und deren Gewinn- und Verlustrechnung möchten wir auf die bereits erwähnte Detaillierungstiefe der Umsatzerlöse der aktuellen E-Bilanz-Taxonomie eingehen. Partiell bilden wir die GuV der Test GmbH für die Umsatzerlöse ab. Unter Zuhilfenahme der „Arbeitshilfe Kontenzuweisung" der DATEV eG haben wir die Konten der Buchhaltung mit den Positionen der Umsatzerlöse der E-Bilanz-Taxonomie gemappt und zeigen auf, wie die Werte in welche Position einfließen.

Vor der E-Bilanz ließen sich die Konten der Buchhaltung in der GuV folgendermaßen abbilden.

Positionen der GuV nach § 275 Abs. 2 HGB

Konten der Buchhaltung

8110 allg. Ersatzteile, B2B	11,856.10
8111 Austauschteil Test GmbH B2B	7,355.71
8112 Lohnerlöse, B2B	27,203.11
8113 Ersatzteil Test GmbH, B2B	45,177.38
8114 Fremdleistung, B2B	2,547.00
8118 Austauschteil Fremd, B2B	889.25
8121 Lohn Test Autos, B2B	7,338.66
8120 Stfr. Umsätze § 4 Nr.1a UStG	205.79
8124 stfr. Erlöse Test-Teile Test Auto GmbH	10,910.35
8126 Zuschlagserl. Test Autos GmbH	2,135.69
8130 stfr. Erlöse allg. Ersatzteile	920.13
8131 stfr. Erl. Austauschteil Test GmbH	750.22
8133 stfr. Erlöse Testniatelle	31,578.34
8137 stfr Erlöse Pfandwert	421.69
8200 Erlöse	809.54
8010 Erlöse allg. Ersatzteile	1,47,742.02
8011 Erlöse Austauschteile Test GmbH	22,396.42
8012 Lohnerlöse Instandsetzung	1,99,872.10
8013 Erlöse Test GmbH Ersatzteile	4,00,386.11
8014 Erlöse Fremdleistung	38,999.12
8017 Erlöse Pfandwert	4,307.28
8018 Erlöse Austauschteile (Fremd)	57,060.39
8020 allg. Ersatzteile	852.00
8021 Erlöse AT-Teile Test GmbH	256.31
8022 Lohnerl. Instandsetzung	11,292.81
8023 Erlöse Test GmbH Ersatzteile	44,910.33
8024 Erlöse Fremdleistungen	190.17
8027 Erlöse Pfandwert	11.93
8736 Gewährte Skonti	-5,187.74

Nr.	Position	Betrag
1.	Umsatzerlöse	10,73,188.21
2.	Erhöhung oder Verminderung des Bestands an fertigen und unfertigen Erzeugnissen	3,005,00
3.	andere aktivierte Eigenleistungen	0,00
4.	sonstige betriebliche Erträge	17,488.18
5.	Materialaufwand:	4,92,647.84
	a) Aufwendungen für Roh-, Hilfs- und Betriebsstoffe und für bezogene Waren	463.325,34
	b) Aufwendungen für bezogene Leistungen	29,322.50
6.	Personalaufwand:	3,33,477.33
	a) Löhne und Gehälter	2,78,658.49
	b) soziale Abgaben und Aufwendungen für Altersversorgung und für Unterstützung, davon für Altersversorgung	54,818.84
7.	Abschreibungen:	48.944,25
	a) auf immaterielle Vermögensgegenstände des Anlagevermögens und Sachanlagen sowie auf aktivierte Aufwendungen für die Ingangsetzung und Erweiterung des Geschäftsbetriebs	48,944.25
	b) auf Vermögensgegenstände des Umlaufvermögens, soweit diese die in der Kapitalgesellschaft üblichen Abschreibungen überschreiten	
8.	sonstige betriebliche Aufwendungen	189.489,48
9.	...(Fortsetzung nach § 275 Abs.2 HGB)	

Tab. 5.5 Positionen des GCD-Moduls der Testnia GmbH

Name	Feldeigenschaft	Angaben der Test GmbH
Erstellungsdatum	Mussf.	15.01.2012
Art des Berichts	Mussf.	Jahresabschluss
Fertigstellungsstatus des Berichts	Mussf.	Endgültig
Status des Berichts	Mussf.	Erstmalig
Berichtsbestandteile	Mussf.	Multiple choice aus den Unterpositionen
Bilanz	Mussf.	Ja
Eröffnungsbilanz ohne GuV	Mussf.	NIL
GuV	Mussf.	Ja
Steuerliche Überleitungsrechnung	Mussf.	NIL
Steuerliche Gewinnermittlung	Mussf.	Ja
Steuerliche Gewinnermittlung bei PersG	Mussf.	NIL
Kapitalkontenentwicklung für PersG	Mussf.	NIL
Bilanzart	Mussf.	Jahresabschluss
Bilanzart steuerlich bei PersG/ Mitunternehmerschaften	Mussf.	NIL
Bilanz enthält Ausweis des Bilanzgewinns	Mussf.	WAHR
Bilanzierungsstandard	Mussf.	Deutsches Handelsrecht
Branchen	Mussf.	Kerntaxonomie
GuV Format	Mussf.	Gesamtkostenverfahren
Konsolidierungsumfang	Mussf.	Nicht konsolidiert/ Einzelabschluss
Bericht gehört zu	Mussf.	NIL
Name Gesamthand	Mussf.	NIL
Unternehmenskennnummern, Gesamthand	Mussf.	NIL
13stellige Steuernummer	Mussf.	NIL
4stellige Bundesfinanzamtsnummer	Mussf.	NIL
Abschlussstichtag, Gesamthand	Mussf.	NIL
Beginn des Wirtschaftsjahres	Mussf.	01.01.2011
Ende des Wirtschaftsjahres	Mussf.	31.12.2011
Bilanzstichtag	Mussf.	31.12.2011
Beginn des Wirtschaftsjahres (Vorjahr)	Mussf.	01.01.2010
Ende des Wirtschaftsjahres (Vorjahr)	Mussf.	31.12.2010
Bilanzstichtag (Vorjahr)	Mussf.	31.12.2010
Name des Unternehmens	Mussf.	Test
Rechtsform	Mussf.	Gesellschaft mit beschränkter Haftung
Straße, Firmensitz	Mussf.	ABC-Str.
Hausnummer, Firmensitz	Mussf.	4
Postleitzahl, Firmensitz	Mussf.	12345
Ort, Firmensitz	Mussf.	Testhausen
Land, Firmensitz	Mussf.	Deutschland
Unternehmenskennnummern	Mussf.	

Name	Feldeigenschaft	Angaben der Test GmbH
13stellige Steuernummer	Mussf.	212908848
Steuerliche IdNr.	Mussf.	NIL
4stellige Bundesfinanzamtsnummer	Mussf.	5415
13stellige Steuernummer (Mutterunternehmen)	Mussf.	NIL
Steuerliche IdNr. (Mutterunternehmen)	Mussf.	NIL
4stellige Bundesfinanzamtsnummer (Mutterunternehmen)	Mussf.	NIL
Gesellschafter/(Sonder-)Mitunternehmer	Mussf.	NIL
Name des Gesellschafters	Mussf.	NIL
Nummer des Beteiligten aus Festellungserklärung (Vordruck FB)	Mussf.	NIL
13stellige Steuernummer des Gesellschafters	Mussf.	NIL
Steuerliche IDNr.	Mussf.	NIL
Rechtsform des Gesellschafters	Mussf.	Natürliche Person – Privatvermögen
Beteiligungsschlüssel Gesellschafter	Mussf.	NIL
Sonderbilanz benötigt?	Mussf.	False
Ergänzungsbilanz benötigt?	Mussf.	False

Seit dem Wirtschaftsjahr 2012 ist die E-Bilanz da und mit ihr die verpflichtende Taxonomie. Im folgenden Schaubild [Verweis auf Abbildung „Konten Test GmbH zu GuV Taxonomie – Umsatzerlöse -.xlsx"] stellen wir da, in welche Position der Taxonomie die Konten der Buchhaltung einfließen könnten.

Konten der Buchhaltung

8110 allg. Ersatzteile, B2B	11,856.10
8111 Austauschteil Test GmbH, B2B	7,355.71
8112 Lohnerlöse, B2B	27,203.11
8113 Ersatzteil Test GmbH, B2B	45,177.38
8114 Fremdleistung, B2B	2,547.00
8118 Austauschteil Fremd, B2B	889.25
8121 Lohn Test Autos, B2B	7,338.66
8120 Stfr. Umsätze § 4 Nr.1a UStG	205.79
8124 stfr. Erlöse Test-Teile Test GmbH	10,910.35
8126 Zuschlagserl. Test Autos GmbH	2,135.69
8130 stfr. Erlöse allg. Ersatzteile	920.13
8131 stfr. Erl. Austauschteil Test GmbH	750.22
8133 stfr. Erlöse Testteile	31,578.34
8137 stfr. Erlöse Pfandwert	421.69
8200 Erlöse	809.54
8010 Erlöse allg. Ersatzteile	1,47,742.02
8011 Erlöse Austauschteile Test	22,396.42
8012 Lohnerlöse Instandsetzung	1,99,872.10
8013 Erlöse Test Ersatzteile	4,00,386.11
8014 Erlöse Fremdleistung	38,999.12
8017 Erlöse Pfandward	4,307.28
8018 Erlöse Austauschteile (Fremd)	57,060.39
8020 allg. Ersatzteile	852.00
8021 Erlöse AT-Teile Test	256.31
8022 Lohnerl. Instandsetzung	11,292.81
8023 Erlöse Test GmbH Ersatzteile	44,910.33
8024 Erlöse Fremdleistungen	190.17
8027 Erlöse Pfandwert	11.93
8736 Gewährte Skonti	-5,187.74

Positionen der Taxonomie

Umsatzerlöse (GKV) -Summenmussfeld-	10.73,188.21
in Umsatzerlöse (GKV) enthaltener Bruttowert -Summenmussfeld-	
Erlöse aus Leistungen nach § 13b UStG -Mussfeld-	
Sonstige Umsatzerlöse, nicht steuerbar -Mussfeld-	205.79
steuerfreie Umsätze nach § 4 Nr. 1a UStG (Ausfuhr Drittland) -Mussfeld-	
steuerfreie EG-Lieferungen § 4 Nr. 1b UStG (Innergemeinschaftliche Lieferungen) -Mussfeld-	46,716.42
steuerfreie Umsätze nach § 4 Nr. 8 ff UStG -Mussfeld-	
steuerfreie Umsätze nach § 4 Nr. 2-7 UStG -Mussfeld-	
sonstige umsatzsteuerfreie Umsätze -Mussfeld-	
Umsatzerlöse ermäßigter Steuersatz -Mussfeld-	
Umsatzerlöse Regelsteuersatz -Mussfeld-	9,28,276.99
Umsatzerlöse nach § 25 und § 25a UStG -Mussfeld-	
Umsatzerlöse sonstige Umsatzsteuersätze -Mussfeld-	
Umsatzerlöse ohne Zuordnung nach Umsatzsteuertatbeständen -Rechnerisch notwendig, soweit vorhanden-	809.54
in Umsatzerlöse (GKV) verrechnete Erlösschmälerungen -Mussfeld, Kontennachweis erwünscht-	
Erlösschmälerungen aus Leistungen nach § 13b	
Erlösschmälerungen sonstige Umsatzerlöse nicht steuerbar	
Erlösschmälerungen für steuerfreie Umsätze nach § 4 Nr. 1a UStG (Ausfuhr, Drittland)	
Erlösschmälerungen für steuerfreie EG Lieferungen nach § 4 Nr. 1b UStG (innergemeinschaftliche Lieferungen)	
Erlösschmälerungen für steuerfreie Umsätze nach § 4 Nr. 8ff UStG	
Erlösschmälerungen für steuerfreie Umsätze nach § 4 Nr. 2-7 UStG	
Erlösschmälerungen für sonstige steuerfreie Umsätze	
Erlösschmälerungen Regelsteuersatz	-5,187.74
Erlösschmälerungen ermäßigter Steuersatz	
Erlösschmälerungen übrige Steuersätze	
Erlösschmälerungen ohne Zuordnung nach Umsatzsteuertatbeständen	
davon in Umsatzerlöse (GKV) verrechnete Verbrauchsteuern	
davon in Umsatzerlöse (GKV) verrechneter Eigenverbrauch	
davon Umsatzerlöse (GKV) mit verbundenen Unternehmen	
davon in Umsatzerlöse (GKV) enthaltene Auslandsumsätze	

5.7   Die Anpassung des Kontenrahmens

Eine Anpassung des Kontenrahmens ist vom Bundesministerium der Finanzen nicht be-absichtigt. Um dies zu ermöglichen, gestattete das Bundesministerium der Finanzen die Verwendung von Auffangpositionen. Laut dem FAQ zur elektronischen Bilanz aus dem Oktober 2011, kann der Steuerpflichte die Auffangpositionen für die Übergangsphase von fünf Jahren verwenden. Wie es sich mit den Auffangpositionen nach Ablauf der der Über-gangsphase verhält, ist weiterhin fraglich. Allzu einfach wird es also trotz dieser Positionen langfristig nicht.

Um den Anforderungen der Finanzverwaltung gerecht zu werden, gibt es bereits ver-schiedene Überlegungen. Eine Möglichkeit ist eine eigens für die elektronische Steuerbilanz gesonderte Buchhaltung. Gerade bei größeren Unternehmen könnte dieser Gedankengang nicht abwegig sein. Angenommen, es wird bereits eine handelsrechtliche Buchhaltung und eine Buchhaltung, angelehnt an den IFRS-Standards geführt, scheint die Einführung einer weiteren Buchführung durch die E-Bilanz-Einführung noch näher gerückt. Die neu ein-geführte Buchhaltung kann sich an den steuerlichen Bewertungsansätzen orientieren. Der Aufwand zur Anpassung entfällt, dafür entsteht ein erhöhter Aufwand für die Buchung der Geschäftsvorfälle. Bereits das Bilanzrechtsmodernisierungsgesetz (BilMoG), was 2009 in Kraft getreten ist, sorgte für eine umfangreichere Differenzierung zwischen Handels- und Steuerbilanz. Die elektronische Bilanz regt zur Weiterführung des Gedankens einer rein steuerlichen Buchhaltung an. Die Taxonomie, die auf steuerlichen Bewertungsgrundsätzen beruht, legt die Erstellung einer Steuerbilanz nahe. Vor allem größere Unternehmen prak-tizieren schon länger die Erstellung einer Steuerbilanz, da der notwendige Aufwand für die steuerliche Überleitungsrechnung eines handelsrechtlichen Abschlusses ein zu großes Ausmaß annehmen würde [4]. Je nachdem, inwiefern die bereits erstellten Jahresabschlüs-se durch steuerliche Abweichungen begleitet werden, ist abzuwägen, ob es sich lohnt, einen weiteren Buchungskreis, basierend auf den steuerlichen Bewertungsgrundsätzen, einzu-führen. In vielen Fällen kleinerer und kleinster Unternehmen wird die Beibehaltung des handelsrechtlichen Buchungskreises praktischer sein. Dieser Buchungskreis kann um die Konten, die nach steuerlichen Bewertungsvorschriften in Frage kommen, ergänzt werden.

Einem Unternehmer dürfte seine HGB-Bilanz vertraut sein. Im folgenden Abschnitt nehmen wir daher die HGB-Struktur als Ausgangspunkt um darzulegen, welche E-Bilanz-Positionen einfließen.

Von der DATEV eG wurde Ende 2011 bereits ein aktualisierter SKR 03 sowie ein SKR 04 veröffentlicht. Diese neue Version wurde bereits an die aktuell gültige Taxonomie ange-passt. Um die Erstellung der elektronischen Bilanz zu ermöglichen, wurden neue Konten eingefügt. Mehr als 150 Konten wurden im SKR04 zu diesem Zweck in ihrer Bezeichnung geändert oder neu eigeführt. Doch nicht alle Unternehmensformen sind von diesen um-fassenden Änderungen betroffen. Im Folgenden geben wir einen Überblick, inwiefern die Änderungen für ein Einzelunternehmen, eine Personengesellschaft und eine Kapitalgesell-schaft relevant sein können. Hierfür nehmen wir beispielhaft Bezug auf die geänderten

Konten des SKR04[7] (Kontobezeichnung und Kontonummer im Kontenrahmen) und die
Taxonomie vom 14. September 2011[8] genommen.

Der Großteil der neu eingeführten Konten kann Anwendung von allen drei Unternehmensformen finden. Bereits in 2011 wurde das Konto „0210" in seiner Bezeichnung den
Anforderungen der Taxonomie angepasst und ist unter der Bezeichnung „Grundstücksgleiche Rechte ohne Bauten" zu finden.

In dem Bereich der Finanzanlagen sind mehrere der neu eingefügten Konten eingeflossen. Dies erwies sich als notwendig, um der Mussfeldtiefe der Taxonomie nachzukommen.
So können die Anteile an verbundenen Unternehmen nun auf die Konten „0803 Anteile
an verbundenen Unternehmen, Personengesellschaften", „0804 Anteile an verbundenen
Unternehmen, Kapitalgesellschaften", „Anteile an herrschenden oder mehrheitlich beteiligter Gesellschaft, Personengesellschaften", „0808 Anteile an herrschender oder mehrheitlich beteiligter Gesellschaft, Kapitalgesellschaften" aufgeteilt werden. Nahezu identisch
verhält es sich mit den Ausleihungen: „0813 Ausleihungen an verbundene Unternehmen,
Personengesellschaft", „0814 Ausleihungen an verbundene Unternehmen, Kapitalgesellschaften", „0815 Ausleihungen an verbundene Unternehmen, Einzelunternehmen". Beteiligungen werden in der Taxonomie in Beteiligungen an Personen- und Kapitalgesellschaften
unterteilt. Auch hier fand bereits 2011 eine Änderung der Konten „0850 Beteiligungen
an Kapitalgesellschaften", „0860 Beteiligungen an Personengesellschaften" statt. Die Konten „0883 Ausleihungen an Unternehmen, mit denen ein Beteiligungsverhältnis besteht,
Personengesellschaften" und „0885 Ausleihungen an Unternehmen, mit denen ein Beteiligungsverhältnis besteht, Kapitalgesellschaften" wurden zur taxonomiegerechten Abbildung der Ausleihungen eingeführt.

Zusätzlich zu den Forderungen gegen persönlich haftende Gesellschafter und Kommanditisten bei PersG bzw. gegen GmbH-Gesellschafter bestehen in der Taxonomie mehrere Positionen im Bereich „Forderungen", welche von allen Anwendern, ungeachtet ihrer
Unternehmensform, genutzt werden können. So wurde das bereits bestehende Konto
„1330" in „Forderungen gegen sonstige Gesellschafter" umbenannt. Zusätzlich wurden
die Konten „1337 Forderungen gegen typisch stille Gesellschafter", „1338– Restlaufzeit
bis 1 Jahr", „1339– Restlaufzeit größer 1 Jahr" implementiert. Des Weiteren befindet sich
im Bereich der „sonstigen Vermögensgegenstände" auf der Unterebene in der Taxonomie
die Position „Rückdeckungsansprüche aus Lebensversicherungen", welche als Mussfeld
gekennzeichnet ist und alle weiteren Positionen auf dieser Ebene damit zur rechnerisch
notwendigen Positionen macht. Neueingefügt wurden im Kontenrahmen auf dieser Ebene
die Konten „1393 Genussrechte", „ 1394 Einzahlungsansprüche zu Nebenleistungen oder
Zuzahlungen", „1435 Forderungen aus Gewerbesteuerüberzahlungen", die sich auch in der
Taxonomie auf dieser Ebene wiederfinden lassen. Auch wurde auf dieser Ebene im Kontenrahmen das Konto „1391 Forderungen gegen Arbeitsgemeinschaften" neu integriert.

---

[7] „Kontenrahmenänderungen 2011/2012– wegen E-Bilanz", 3. Auflage November 2011, von DATEV
eG.

[8] Einsehbar auf www.esteuer.de. Zugegriffen: 05. Januar 2012.

Auch auf der Passivseite gibt es Änderungen. Wie in der Taxonomie findet sich im SKR04 die Position bzw. das Konto „2988 Rücklage für Zuschüsse", auch die Einführung des Kontos „2995 Ausgleichsposten bei Entnahmen § 4 g EStG" lässt sich auf die elektronische Bilanz zurückführen. Zur Bedienung der in der Taxonomie als Mussfeld gekennzeichneten Positionen wurden die namensgleichen Konten „3005 Rückstellungen für Pensionen und ähnliche Verpflichtungen gegenüber Gesellschaftern oder nahestehenden Personen", „3010 Rückstellungen für Direktzusagen", „3011 Rückstellungen für Zuschussverpflichtungen für Pensionskassen und Lebensversicherungen" im SKR04 eingefügt bzw. im Falle des Kontos 3010 in seiner Bezeichnung geändert. Mit den Verbindlichkeiten ist es nahezu identisch wie mit den Forderungen. Verbindlichkeiten gegenüber GmbH-Gesellschaftern und stillen Gesellschaftern sind in der elektronischen Bilanz laut Taxonomie auszuweisen. Betroffen sind die Konten „ 3640 Verbindlichkeiten gegenüber GmbH-Gesellschaftern", „3641– Restlaufzeit bis 1 Jahr", „3642– Restlaufzeit 1 bis 5 Jahre", „3643– Restlaufzeit größer 5 Jahre", „3655 Verbindlichkeiten gegenüber stillen Gesellschaftern", „3656– Restlaufzeit bis 1 Jahr", „3657– Restlaufzeit 1 bis 5 Jahre", „3658– Restlaufzeit größer 5 Jahre".

Der Berichtsbestandteil Bilanz eines EU besteht in seinem Mindestumfang aus aktuell 173 Positionen. Speziell für ein EU finden sich keine Änderungen im Kontenplan. Anpassungen bleiben aber trotzdem nicht aus, da die bereits erwähnten für alle Unternehmensformen geltenden Änderungen zu berücksichtigen sind.

Bei einer PersG umfasst der aktuelle Mindestumfang der Bilanz 230 Positionen. Hier gibt es bereits einige spezielle Änderungen im Kontenrahmen, welche nur PersG betreffen. Von Seiten der Finanzbehörde wird die detaillierte Auflistung der Ausleihungen an Gesellschafter in der Taxonomie gewünscht. Um diesen Anforderungen nachzukommen wurden im SKR04 die Konten „0962 Ausleihungen an persönlich haftende Gesellschafter" und „0963 Ausleihungen an Kommanditisten" eingeführt.

Auch der Bereich „sonstige Vermögensgegenstände" im Kontenrahmen hat, speziell für Personengesellschaften, Zuwachs erfahren. Die Konten „1317 Forderungen gegen persönlich haftende Gesellschafter", „1318– Restlaufzeit bis 1 Jahr", „1319– Restlaufzeit größer 1 Jahr", „1327 Forderungen gegen Kommanditisten und atypisch stille Gesellschafter", „1328– Restlaufzeit bis 1 Jahr", „1329– Restlaufzeit größer 1 Jahr" wurden eingefügt.

Bestehen im Unternehmen Verbindlichkeiten gegenüber persönlich haftenden Gesellschaftern oder Kommanditisten, können diese in 2012 auf folgenden Konten gebucht werden: „3645 Verbindlichkeiten gegenüber persönlich haftenden Gesellschaftern", „3646– Restlaufzeit bis 1 Jahr", „3647– Restlaufzeit 1 bis 5 Jahre", „3648– Restlaufzeit größer 5 Jahre", „3650 Verbindlichkeiten gegenüber Kommanditisten", „3651– Restlaufzeit bis 1 Jahr", „3652Restlaufzeit 1 bis 5 Jahre", „3653Restlaufzeit größer 5 Jahre".

Kapitalgesellschaften haben im Berichtsbestandteil Bilanz mindestens 190 Positionen (Mindestumfang) zu befüllen. Um der Mussfeldtiefe nachzukommen wurden, wie auch für Personengesellschaften und deren Anteilseigner, neue Konten eingefügt. Forderungen gegen GmbH-Gesellschafter können nun gesondert auf dem Konto „1307 Forderungen gegen GmbH-Gesellschaftern" erfasst werden. Auch hier wird zwischen den Laufzeiten der Forderungen unterschieden: „1308– Restlaufzeit bis 1 Jahr", „1309– Restlaufzeit größer 1 Jahr".

An welche Positionen einer HGB-Bilanz die oben genannten Konten einfließen können, möchten wir im Nachfolgenden aufführen. Als Grundlage dient hierfür das im § 266
HGB beschriebene Schema zur Bilanz.

Aktiva

A. Anlagevermögen
   I.   Immaterielle Vermögensgegenstände
   II.   Sachanlagen
      1. Grundstücke, grundstücksgleiche Rechte und Bauten einschließlich der Bauten
         auf fremden Grundstücken
         0210 Grundstücksgleiche Rechte ohne Bauten
   III. Finanzanlagen
      1. Anteile an verbundenen Unternehmen
         0803 Anteile an verbundenen Unternehmen, PersG
         0804 Anteile an verbundenen Unternehmen, KapG
         0805 Anteile an herrschender oder mehrheitlich beteiligter Gesellschaft, PersG
         0808 Anteile an herrschender oder mehrheitlich beteiligter Gesellschaft, KapG
      2. Ausleihungen an verbundene Unternehmen
         0813 Ausleihungen an verbundene Unternehmen, PersG
         0814 Ausleihungen an verbundene Unternehmen, KapG
         0815 Ausleihungen an verbundene Unternehmen, EU
      3. Beteiligungen
         0850 Beteiligungen an KapG
         0860 Beteiligungen an PersG
      4. Ausleihungen an Unternehmen, mit denen ein Beteiligungsverhältnis besteht
         0883 Ausleihungen an Unternehmen, mit denen ein Beteiligungsverhältnis
         besteht, PersG
         0885 Ausleihungen an Unternehmen, mit denen ein Beteiligungsverhältnis
         besteht, KapG
      6. sonstige Ausleihungen
         0961 Ausleihungen an GmbH-Gesellschafter
         0962 Ausleihungen an pers. haftende Gesellschafter
         0963 Ausleihungen an Kommanditisten
         0964 Ausleihungen an stille Gesellschafter

B. Umlaufvermögen
   II. Forderungen und sonstige Vermögensgegenstände
      4. sonstige Vermögensgegenstände
         1307 Forderungen gegen GmbH-Gesellschafter
         1308– Restlaufzeit bis 1 Jahr
         1309– Restlaufzeit größer 1 Jahr

1317 Forderungen gegen pers. haftende Gesellschafter
1318– Restlaufzeit bis 1 Jahr
1319– Restlaufzeit größer 1 Jahr
1327 Forderungen gegen Kommanditisten und atypische stille Gesellschafter
1328– Restlaufzeit bis 1 Jahr
1329– Restlaufzeit größer 1 Jahr
1337 Forderungen gegen typische stille Gesellschafter
1338– Restlaufzeit bis 1 Jahr
1339– Restlaufzeit größer 1 Jahr
1391 Forderungen gegen Arbeitsgemeinschaften
1393 Genussrechte
1394 Einzahlungsansprüche zu Nebenleistungen und Zuzahlungen
1435 Forderungen aus Gewerbesteuerüberzahlung

Passiva

A. Eigenkapital
   I. Gewinnrücklagen
      4. andere Gewinnrücklagen
         2988 Rücklage für Zuschüsse
         2995 Ausgleichsposten bei Einnahmen § 4 g EStG

B. Rückstellungen
   1. Rückstellungen für Pensionen u. ä. Verpflichtungen
      3005 Rückstellungen für Pensionen und ähnliche Verpflichtungen gegenüber
         Gesellschaftern oder
      nahestehenden Personen
      3010 Rückstellungen für Direktzusagen
      3011 Rückstellungen für Zuschussverpflichtungen für
      Pensionskassen und Lebensversicherungen

C. Verbindlichkeiten
   8. sonstige Verbindlichkeiten
      3611 Verbindlichkeiten ggü. Arbeitsgemeinschaften
      3640 Verbindlichkeiten ggü. GmbH-Gesellschaftern
      3641– Restlaufzeit bis 1 Jahr
      3642– Restlaufzeit 1 bis 5 Jahre
      3643– Restlaufzeit größer 5 Jahre
      3645 Verbindlichkeiten gegenüber persönlich haften- den Gesellschaftern
      3646– Restlaufzeit bis 1 Jahr
      3647– Restlaufzeit 1 bis 5 Jahre
      3648– Restlaufzeit größer 5 Jahre

3650 Verbindlichkeiten gegenüber Kommanditisten
3651– Restlaufzeit bis 1 Jahr
3652– Restlaufzeit 1 bis 5 Jahre
3653– Restlaufzeit größer 5 Jahre
3655 Verbindlichkeiten ggü. stillen Gesellschaftern
3656– Restlaufzeit bis 1 Jahr
3657– Restlaufzeit 1 bis 5 Jahre
3658– Restlaufzeit größer 5 Jahre

Diese Aktiv- und Passivkonten können bei Bedarf vom Steuerpflichtigen in die Buchführung aufgenommen werden.

Nicht nur die Aktiv- und Passiv-Konten, die in den Berichtsbestandteil Bilanz einfließen, haben durch die Einführung der elektronischen Bilanz Änderungen und Neueinführungen erfahren. Auch die Aufwands- und Ertragskonten bleiben nicht unberührt, da die Gewinn- und Verlustrechnung im Zusammenhang mit der Bilanz und weiterer Komponenten als elektronische Bilanz einzureichen ist. Im Vergleich zum Berichtsteil Bilanz ist die Gewinn- und Verlustrechnung in fast allen Positionen für EU, KapG und PersG gleichermaßen gültig.

Im Bereich der Umsatzerlöse können die Konten „4136 Umsatzerlöse nach §§ 25 und 25a UStG 19 % USt“, „4138 Umsatzerlöse nach §§ 25 und 25a UStG ohne USt“, „4139 Umsatzerlöse aus Reiseleistungen § 25 Abs. 2 UStG, steuerfrei“ ab 2012 geführt werden. Die Konten „4570, 4574, 4575, 4576, 4579“ erfuhren im Jahr 2011 eine Änderung in ihrer Bezeichnung. Alternativ besteht hier auch die Möglichkeit, die Auffangposition „Umsatzerlöse ohne Zuordnung nach Umsatzsteuertatbeständen“ zu bedienen, falls die geforderte Detailtiefe auch in Zukunft nicht aus der Buchhaltung ableiten werden kann.

Im Bereich der „sonstigen betrieblichen Erträge“ wurden u. a. die Konten „4832 Sonstige betriebliche Erträge von verbundenen Unternehmen“ und „4833 Andere Nebenerlöse“ eingefügt, welche in der Form auch in der Taxonomie als Mussfeld gekennzeichnet sind und somit zwingend zu befüllen sind (sei es auch mit einem NIL-Wert). In der Taxonomie wird intensiver zwischen steuerfreien und steuerpflichtigen Umsätzen unterschieden. Zur Unterstützung können in diesem Zusammenhang auch „4861 Erlöse aus Vermietung und Verpachtung, umsatzsteuerfrei § 4 Nr. 12 UStG“, „4862 Erlöse aus Vermietung und Verpachtung 19 % USt“ im Falle von Vermietung und Verpachtung verwendet werden. Erträge aus der Auflösung von steuerlichen Rücklagen sind nach Maßgabe der Taxonomie sehr detailliert aufzuzeigen. Um der Mussfeldtiefe gerecht werden zu können, erfuhren einige Konten im Bereich „sonstige betriebliche Erträge“ namentliche Änderungen oder wurden extra eingeführt. „4927 Erträge aus der Auflösung einer steuerlichen Rücklage nach § 6b Abs. 3 EStG“, „4928 Erträge aus der Auflösung einer steuerlichen Rücklage nach § 6b Abs. 10 EStG“, „4929 Erträge aus der Auflösung der Rücklage für Ersatzbeschaffung R 6.6 EStR“ und „4938 Erträge aus der Auflösung einer steuerlichen Rücklage nach § 4 g EStG“.

Die Aufwandskonten im Bereich „Aufwendungen für Roh-, Hilfs- und Betriebsstoffe und für bezogene Waren“ wurden durch diverse Konten erweitert. Die bereits erwähnte intensive steuerliche Gliederungstiefe der Taxonomie kommt in diesem Zusammenhang besonders zur Geltung. Bereits erkannt wurde die besondere Belastung der Unternehmen durch eine detaillierte Unterscheidung, so dass in diesem Zusammenhang auch einige Auffangpositionen („Aufwendungen ohne Zuordnung nach Umsatzsteuertatbeständen", „Wareneinkauf ohne Zuordnung nach Umsatzsteuertatbeständen" und „Übrige Leistungen ohne Zuordnung nach Umsatzsteuertatbeständen") zur Verfügung gestellt wurden. Inwieweit der Steuerpflichtige diese Auffangposition nutzen will, liegt in seinem Ermessen. In diesem Kontext ist jedoch auch die Prüfung des Risikomanagementsystems hervorhebenswert. Aufwendungen für bezogene Leistungen nach § 13b UStG werden in der Taxonomie nach Vorsteuerabzug getrennt, gleichnamige Konten wurde auch im Kontenrahm neu eingefügt: „5960 Leistungen nach § 13b UStG mit Vorsteuerabzug", „5965 Leistungen nach § 13b UStG ohne Vorsteuerabzug".

Bestehen im Unternehmen Angestelltenverhältnisse mit so genannten „Minijobbern", sind die in diesem Zusammenhang gezahlte Löhne auch in der eigenständigen Taxonomieposition „Löhne für Minijobs" zu erfassen. Der SKR04 verfügt über ein entsprechendes Konto „6035 Löhne für Minijobs" um eine einwandfreie Befüllung getreu der Taxonomie gewährleisten zu können. Geleistete Aufwendungen für die Altersversorge der Gesellschafter-Geschäftsführer können unter „6149 Aufwendungen für Altersversorgung für Gesellschafter-Geschäftsführer" in der Buchhaltung erfasst und in die gleichnamige Taxonomieposition übertragen werden.

Sind Forderungen gegen verbundene Unternehmen oder Gesellschafter vorhanden, so sind die Abschreibungen auf diese, falls vorhanden, auch in der Gewinn- und Verlustrechnung kenntlich zu machen. Hierfür stehen die Konten „6290 Abschreibungen auf Forderungen gegenüber verbundenen Kapitalgesellschaften" sowie „6291 Abschreibungen auf Forderungen gegenüber verbundenen Gesellschaftern" zur Verfügung.

Zuführungen zu Aufwandsrückstellungen sind in der Taxonomie als Mussfeld verankert, ein dementsprechendes Konto ist im SKR04 unter „6475 Zuführung zu Aufwandsrückstellungen" zu finden. Werden seitens des Unternehmens Einstellungen in die steuerlichen Rücklagen nach § 6b Abs. 3 EStG o. ä. gebildet, so sind diese auch nach den Anforderungen der Taxonomie auszuweisen. Eigens hierfür wurden die Konten „6922 Einstellungen in die steuerliche Rücklage nach § 6b Abs. 3 EStG", „6924 Einstellungen in die steuerliche Rücklage nach § 6b Abs. 10 EStG", „6928 Einstellungen in die Rücklage für Ersatzbeschaffung nach R 6.6 EStR", „6929 Einstellungen in die steuerliche Rücklage nach § 4 g EStG" implementiert. Erzielt das Unternehmen Erträge aus Beteiligungen, so sind diese zwischen Kapital- und Personengesellschaften zu unterscheiden. Das Konto „7004 Erträge aus Beteiligungen an Personengesellschaften (verbundene Unternehmen), § 9 GewStG)" wurde diesbezüglich eingefügt und die Konten „7005, 7006" in ihrer Bezeichnung geändert. Ist eine eindeutige Zuordnung nicht möglich, kann die in der Taxonomie vorgesehene Auffangposition „Erträge aus Beteiligungen, nach Rechtsform der Beteiligung nicht zuordenbar" in Anspruch genommen werden.

Eine PersG, die Zinszahlungen an Mitunternehmer zu leisten hat, hat diese auch in der Gewinn- und Verlustrechnung im Sinne der Taxonomie gesondert auszuweisen.

Überlässt ein Gesellschafter einer KapG ein Wirtschaftsgut an die Gesellschaft, so sind die hierfür anfallenden Miet-/Pachtkosten zwingend auszuweisen. Hierbei kann auf das neu eingeführte Konto „6833 Vergütung an Gesellschafter für die miet- oder pachtweise Überlassung ihrer beweglichen Wirtschaftsgüter" zurückgegriffen werden.

Vergibt ein Gesellschafter ein Darlehen an die Gesellschaft, so sind die hierfür abzuführenden Zinsen laut Taxonomie zwingend abzubilden. In dieser Position wird eine gesonderte Ausweisung der Zinsen an Gesellschafter, die eine Beteiligung von 25 % oder mehr besitzen, gewünscht. Zur Unterstützung bestehen hier die Konten „7316 Zinsen für Gesellschafterdarlehen", „7317 Zinsen an Gesellschafter mit einer Beteiligung von mehr als 25 % bzw. diesen nahe stehenden Personen".

Im Nachfolgenden führen wir die in den SKR04 im Zuge der elektronischen Bilanz neu eingefügten Konten in ihrer Zuordnung zum Schema einer Gewinn- und Verlustrechnung nach § 275 HGB auf.

1. Umsatzerlöse
    4136 Umsatzerlöse nach §§ 25 und 25a UStG 19 %
    4138 Umsatzerlöse nach §§ 25 und 25a UStG ohne USt
    4139 Umsatzerlöse aus Reiseleistungen § 25 Abs. 2 UStG, steuerfrei
4. sonstige betriebliche Erträge
    4832 sonstige betriebliche Erträge von Unternehmen
    4833 Andere Nebenerlöse
    4861 Erlöse aus Vermietung und Verpachtung, umsatzsteuerfrei § 4 Nr. 12 UStG
    4862 Erlöse aus Vermietung und Verpachtung 19 % USt
    4927 Erträge aus der Auflösung einer steuerlichen Rücklage nach § 6b Abs. 3 EStG
    4928 Erträge aus der Auflösung einer steuerlichen Rücklage nach § 6b Abs. 10 EStG
    4929 Erträge aus der Auflösung der Rücklage für Ersatzbeschaffung R 6.6 EStR
    4938 Erträge aus der Auflösung einer steuerlichen Rücklage nach § 4 g EStG
    4948 Verrechnete sonstige Sachbezüge 19 % USt
    4987 Erträge aus der Aktivierung unentgeltlich erworbener Vermögensgegenstän- de
    4989 Kostenerstattungen, Rückvergütungen und Gutschriften für frühere Jahre
    4992 Erträge aus Verwaltungskostenumlage
5. Materialaufwand
    a) Aufwendungen für Roh-, Hilfs- und Betriebsstoffe und für bezogene Waren
    5110– 19 Einkauf Roh-, Hilfs- und Betriebsstoffe 7 % Vorsteuer
    5130– 39 Einkauf Roh-, Hilfs- und Betriebsstoffe 19 % Vorsteuer
    5160 Einkauf Roh-, Hilfs- und Betriebsstoffe, innergemeinschaftlicher Erwerb 7 %
         Vorsteuer und 7 % Umsatzsteuer
    5162– 63 Einkauf Roh-, Hilfs- und Betriebsstoffe, innergemeinschaftlicher Erwerb
         19 % Vorsteuer und 19 % Umsatzsteuer
    5166 Einkauf Roh-, Hilfs- und Betriebsstoffe, innergemeinschaftlicher Erwerb ohne
         Vorsteuer und 7 % Umsatzsteuer
    5167 Einkauf Roh-, Hilfs- und Betriebsstoffe, innergemeinschaftlicher Erwerb ohne

Vorsteuer und 19 % Umsatzsteuer

5170 Einkauf Roh-, Hilfs- und Betriebsstoffe 5,5 % Vorsteuer

5171 Einkauf Roh-, Hilfs- und Betriebsstoffe 10,7 % Vorsteuer

5175 Einkauf Roh-, Hilfs- und Betriebsstoffe aus einem USt-Lager § 13a UStG 7 % Vorsteuer und 7 % Umsatzsteuer

5176 Einkauf Roh-, Hilfs- und Betriebsstoffe aus einem USt-Lager § 13a UStG 19 % Vorsteuer und 19 % Umsatzsteuer

5191 Energiestoffe (Fertigung) 7 % Vorsteuer

5192 Energiestoffe (Fertigung) 19 % Vorsteuer

5701 Nachlässe aus Einkauf Roh-, Hilfs- und Betriebsstoffe

5714 Nachlässe aus Einkauf Roh-, Hilfs- und Betriebsstoffe 7 % Vorsteuer

5715 Nachlässe aus Einkauf Roh-, Hilfs- und Betriebsstoffe 19 % Vorsteuer

5717 Nachlässe aus Einkauf Roh-, Hilfs- und Betriebsstoffe, innergemeinschaftlicher Erwerb 7 % Vorsteuer und 7 % Umsatzsteuer

5718 Nachlässe aus Einkauf Roh-, Hilfs- und Betriebsstoffe, innergemeinschaft-licher Erwerb 19 % Vorsteuer und 19 % Umsatzsteuer

5733 Erhaltene Skonti aus Einkauf Roh-, Hilfs- und Betriebsstoffe

5734 Erhaltene Skonti aus Einkauf Roh-, Hilfs- und Betriebsstoffe 7 % Vorsteuer

5738 Erhaltene Skonti aus Einkauf Roh-, Hilfs- und Betriebsstoffe 19 % Vorsteuer

5741 Erhaltene Skonti aus Einkauf Roh-, Hilfs- und Betriebsstoffe aus stpfl. inner-ge-meinschaftlichem Erwerb 19 % Vorsteuer und 19 % Umsatzsteuer

5743 Erhaltene Skonti aus Einkauf Roh-, Hilfs- und Betriebsstoffe aus stpfl. inner-ge-meinschaftlichem Erwerb 7 % Vorsteuer und 7 % Umsatzsteuer

5753 Erhaltene Boni aus Einkauf Roh-, Hilfs- und Betriebsstoffe

5754 Erhaltene Boni aus Einkauf Roh-, Hilfs- und Betriebsstoffe 7 % Vorsteuer

5755 Erhaltene Boni aus Einkauf Roh-, Hilfs- und Betriebsstoffe 19 % Vorsteuer

5783 Erhaltene Rabatte aus Einkauf Roh-, Hilfs- und Betriebsstoffe

5784 Erhaltene Rabatte aus Einkauf Roh-, Hilfs- und Betriebsstoffe 7 % Vorsteuer

5785 Erhaltene Rabatte aus Einkauf Roh-, Hilfs- und Betriebsstoffe 19 % Vorsteuer

5881 Bestandsveränderung Waren

5885 Bestandsveränderung Roh-, Hilfs- und Betriebsstoffe

b) Aufwendungen für bezogene Leistungen

5906 Fremdleistungen 19 % Vorsteuer

5909 Fremdleistungen ohne Vorsteuer

5960 Leistungen nach § 13b UStG mit Vorsteuerabzug

5965 Leistungen nach § 13b UStG ohne Vorsteuerabzug

6. Personalaufwand

a) Löhne und Gehälter

6035 Löhne für Minijobs

b) soziale Abgaben und Aufwendungen für Altersversorgung und für Unterstützung, davon für Altersversorgung

6149 Aufwendungen für Altersversorgung für Gesellschafter-Geschäftsführer

7. Abschreibungen

a) auf immaterielle Vermögensgegenstände des AV und Sachanlagen

   6209 Außerplanmäßige Abschreibungen auf Geschäfts- oder Firmenwert

   6278 Abschreibungen auf Roh-, Hilfs- und Betriebsstoffe/Waren (soweit unüblich hoch)

   6279 Abschreibungen auf fertige und unfertige Erzeugnisse (soweit unüblich hoch)

   6290 Abschreibungen auf Forderungen gegenüber KapG, an denen Beteiligung besteht

   6291 Abschreibungen auf Forderungen gegenüber Gesellschaftern und nahe stehende Personen

8. sonstige betriebliche Aufwendungen

   6313 Vergütungen an Gesellschafter für die miet- oder pachtweise Überlassung ihrer unbeweglichen Wirtschaftsgüter

   6475 Zuführung zu Aufwandsrückstellungen

   6833 Vergütungen an Gesellschafter für die miet- oder pachtweise Überlassung ihrer beweglichen Wirtschaftsgüter

   6834 Vergütung an Mitunternehmer für die miet- oder pachtweise Überlassung ihrer beweglichen Wirtschaftsgüter § 15 EStG

   6922 Einstellungen in die steuerliche Rücklage nach § 6b Abs. 3 RStG

   6924 Einstellungen in die steuerliche Rücklage nach § 6b Abs. 10 EStG

   6928 Einstellungen in die Rücklage für Ersatzbeschaffung nach R 6.6 EStR

   6929 Einstellungen in die steuerliche Rücklage nach § 4 g EStG

9. Erträge aus Beteiligungen

   7004 Erträge aus Beteiligungen an PersG (verbundenen Unternehmen)

   7011 Erträge aus Ausleihungen des Finanzanlagevermögens

   7012 Erträge aus Ausleihungen des Finanzanlagevermögens an verbundene Unternehmen

   7013 Erträge aus Anteilen an PersG (Finanzanlagevermögen)

   7016 Erträge aus Anteilen an PersG (verbundene Unternehmen)

   7017 Erträge aus anderen Wertpapieren des Finanzanlagevermögens an KapG

   7018 Erträge aus anderen Wertpapieren des Finanzanlagevermögens an PersG

   7020 Zins- und Dividendenerträge

   7030 Erhaltene Ausgleichszahlungen

12. Abschreibungen auf Finanzanlagen und auf Wertpapiere des Umlaufvermögens

   7201 Abschreibungen auf Finanzanlagen (nicht dauerhaft)

   7207 Abschreibungen auf Finanzanlagen – verbundene Unternehmen

   7217 Abschreibungen auf Wertpapiere des Umlaufvermögens – verbundene Unternehmen

13. Zinsen und ähnliche Aufwendungen

   7316 Zinsen für Gesellschafterdarlehen

   7317 Zinsen an Gesellschafter mit einer Beteiligung von mehr als 25 % bzw. diesen nahe stehenden Personen

   7355 Kreditprovisionen und Verwaltungskostenbeiträge

   7360 Zinsanteil der Zuführungen zu Pensionsrückstellungen

15. außerordentliche Erträge

7451 Erträge durch Verschmelzung und Umwandlung

7452 Erträge durch den Verkauf von bedeutenden Beteiligungen

7453 Erträge durch den Verkauf von bedeutenden Grundstücken

7454 Gewinn aus der Veräußerung oder der Aufgabe von Geschäftsaktivitäten nach Steuern

16. außerordentliche Aufwendungen

7551 Verluste durch Verschmelzung und Umwandlung

7552 Verluste durch außergewöhnliche Schadensfälle

7553 Aufwendungen für Restrukturierungs- und Sanierungsmaßnahmen

7554 Verluste aus der Veräußerung oder der Aufgabe von Geschäftsaktivitäten nach Steuern

▶ Ob und inwieweit der Steuerpflichtige in seinem Unternehmen auf diese neu eingeführten Konten zurückgreifen muss, lässt sich nur anhand einer Überprüfung des Kontenrahmens ermitteln. Hierfür besteht zwar keine gesetzliche Verpflichtung, doch ist ein solcher Abgleich eigentlich ein unvermeidbarer Schritt zum Ziel „Ready for E-Bilanz". Bei der Verwendung von Standardkontenrahmen wird der Aufwand geringer ausfallen, als bei individuell erstellten Kontenrahmen. Für den Abgleich, welche Konten eventuell in die Buchführung des Unternehmens aufgenommen werden sollten, kann auch dieses Buch zur Hilfe genommen werden. Eine konkrete Arbeitsempfehlung an den Steuerpflichtigen könnte wie folgt lauten: „Legen Sie die Bilanz des Unternehmens neben dieses Buch und vergleichen Sie in erster Instanz, welche Konten angesprochen werden können. Wägen Sie ab, ob es sich lohnt, diese Konten in Ihre Buchführung mit aufzunehmen." Ob es sich wirklich lohnt, die potenziellen neuen Konten einzufügen, kann durch die Frage „Wie oft werde ich dieses Konto im Buchungsjahr ansprechen?" erörtert werden. Bei wenigen Buchungen auf dem Konto kann eine detaillierte Buchführung zu einem erhöhten Aufwand am Ende des Wirtschaftsjahres sorgen, wenn die Konten abgeschlossen werden sollen. Bei einer Entscheidung gegen die Verwendung neuer Konten erfolgen nicht zwingend Änderungen im Buchungsverhalten. Dies sorgt aber für eine undetaillierte Bilanz mit den bereits oben beschriebenen negativen Auswirkungen auf die Risikoeinstufung des Unternehmens (Kap. 6b Buchungsanweisungen). Zu berücksichtigen ist ferner, dass einige Konten nur in ihrem Namen geändert wurden. So ist ein Abgleich der Kontonummern mit denen der Buchhaltung nicht ausreichend. Einige Konten wurden auch nur für eine detailliertere Unterteilung neu eingeführt. Wurden in 2011 zum Beispiel auf einem Konto noch zwei Sachverhalte abgebildet, wurde für 2012 teilweise die Kontobezeichnung geändert und ein neues Konto zusätzlich eingeführt.

Eine Alternative um herauszufinden, ob der aktuelle Kontenrahm für die Taxonomie passend ist, besteht darin, die einzelnen Konten der Buchhaltung mit den Positionen der Taxonomie zu verbinden. Die Verbindungen können als 1:1, 1:n oder n:1 (für nähere Informationen vgl. 6.e.ii „Mapping" der Konten nach Abschluss der Kontenrahmenänderung) erfolgen. Zu beachten ist hierbei wie auch im vorherigen genannten Verfahren, dass nicht nur anhand der Kontobezeichnung Rückschlüsse gezogen werden, ob die Verbindung zwischen Kontenrahmen und Taxonomie passt, sondern die Verbindung auch inhaltlich korrekt ist. Passen also wirklich alle Buchungen des Kontos in die Position der Taxonomie? Falls nein, ergibt sich Änderungsbedarf, da der Sachverhalt genauer aufzuteilen ist auf mehrere Positionen der Taxonomie.

▶   Hervorzuheben sind die Bereiche Erträge, Materialaufwendungen, Anteile und Beteiligungen an Unternehmen sowie Forderungen und Verbindlichkeiten gegen Gesellschafter o. ä. verbundene Personen. Diese sollten intensiv auf ihre Kompatibilität mit der Taxonomie und ihre steuerliche Detaillierungstiefe geprüft werden.

Wird der Kontenrahmen vorgegeben (Beispiel: Konzernkontenrahmen), gestaltet sich die Implementierung neuer Konten als schwierig. Umfassende Änderungen müssen von der Muttergesellschaft oder der für den Kontenrahmen zuständigen Abteilung des Konzerns herausgegeben werden.

5.8   Handels- oder Steuerbilanz

Die Umsetzung der elektronischen Bilanz im Unternehmen wirft auch die Frage auf, ob eine Steuerbilanz oder eine Handelsbilanz mit Überleitungsrechnung abgegeben werden soll. Bisher wurde die theoretisch notwendige Steuerbilanz jedoch selten praktiziert und wenn, dann nur von größeren Unternehmen [4]. Mittelständische Unternehmen griffen hier meist auf die Handelsbilanz zurück. Erstellt werden muss die Handelsbilanz mit einer Überleitungsrechnung (für nähere Informationen zur Überleitungsrechnung vgl. 4.c Überleitungsrechnung). Eine Entscheidung zur Frage „Handelsbilanz mit steuerlicher Überleitungsrechnung oder Steuerbilanz?", muss in Abhängigkeit der damit verbundenen Änderung des Buchungsverfahrens stehen. Würde eine eigene steuerliche Buchführung implementiert werden, kann die Erstellung einer Steuerbilanz deutlich einfacher geschehen. Die benötigten Daten sind in der Buchhaltung bereits vorhanden und könnten in die Bilanz einfließen. Doch hängt ein solches Vorhaben gerade in kleineren und mittleren Unternehmen von der Kapazität der Buchhaltung ab.

Soll im Unternehmen keine eigene steuerliche Buchführung eingeführt werden, wird die Erstellung der elektronischen Bilanz in Form einer Steuerbilanz aufwendiger. Meist wird dies bei kleinen und mittleren Unternehmen der Fall sein. Ratsam ist es, die steuerlichen Abweichungen schon unterjährig zu bearbeiten und zu dokumentieren, um am

Ende des Wirtschaftsjahres bei der Vorbereitung zur Erstellung einer Überleitungsrechnung nicht zu viel Aufwand für die Erfassung der steuerlich abweichend zu behandelnden geschäftsvorfälle zu produzieren. Gerade für mittelgroße Unternehmen ist die geplante Erfassung wichtig.

Zu beachten ist in jedem Fall, dass die Felder in den Berichtsbestandteilen hinsichtlich der Unterschiede zwischen Handels- und Steuerbilanz richtig ausgefüllt werden. Bei Einreichung einer Steuerbilanz darf diese keine steuerlich unzulässigen Werte enthalten (ein Leichtes bei einer originär steuerlichen Buchführung). Bei Einreichung einer Steuerbilanz ist es nicht zulässig, auf eine Überleitungsrechnung zu verweisen, da keine eingereicht werden darf. Bei der Abgabe einer Handelsbilanz mit Überleitungsrechnung ist es nicht zulässig, dass Berichtsfelder bezüglich des steuerlichen Gewinns mit einem Wert befüllt werden, außer es handelt sich um einen NIL. Die Umgliederung der Werte aus der Überleitungsrechnung erfolgt bei den in der Taxonomie als steuerlich unzulässig gekennzeichneten Positionen. Diese enthalten in der Handelsbilanz nach der Auflösung den Wert null. Vorjahreswerte, die auch als steuerlich unzulässig gekennzeichnet sind, werden nicht umgegliedert.[9]

5.9 Vorherige Risikoanalyse der Daten

Die elektronische Bilanz bietet nicht nur auf Seiten der Finanzbehörde das Potenzial, die Daten in ein Risikomanagementsystem einzupflegen und auf Besonderheiten hingewiesen zu werden. Auch im Unternehmen kann ein solches System integriert und gepflegt werden, um eine interne Risikoanalyse im Vorgriff auf diejenige der Behörde durchzuführen. Natürlich kann das Risikomanagementsystem im Unternehmen nicht auf einen so umfangreichen Datenpool zurückgreifen, wie es die Finanzverwaltung tun kann, aber der Mehrjahresvergleich kann schneller durchgeführt werden. Abzuwarten ist, ob Softwareanbieter diesen Bereich als Geschäftsmodell entdecken und auf Basis größerer, branchenspezifischer Datenbanken Kennziffern anbieten können, die eine realistische Risikoklassifizierung ermöglichen.

Ablaufen könnte eine solche Risikoanalyse der Daten folgendermaßen: Nach der Erstellung der elektronischen Bilanz bietet sich die Möglichkeit, anhand eines Mehrjahresvergleiches auf Abweichungen oder besonders fluktuierende Positionen aufmerksam gemacht zu werden und die Ursache zu ermitteln. Bei Bedarf kann zur Klärung oder Verbesserung dieser Positionen auch der Steuer- oder Unternehmensberater zur Seite gezogen werden. Gefahrpotenzial kann somit frühzeitig erkannt und behoben werden [5].

Wie auch im Risikomanagementsystem der Finanzbehörde werden auch im System des Unternehmens die Auffangpositionen eine Ungenauigkeit in der Analyseroutine verursachen. Die in den Auffangpositionen gesammelten Werte bieten das Potenzial, mögliche

---

[9] Vgl. (Bay. Landesamt für Steuern, 2011, „Technischer Leitfaden zur Verwendung der HGB-Taxonomie Version 5.0 für die Einreichung nach § 5b EStG").

Auffälligkeiten im Unternehmen zu verschleiern und somit vor der Risikoanalyse zu verstecken.

Besonders interessant werden solche Risikoanalysen im Unternehmen in Verbindung mit dem Begriff Tax-Compliance. Unter diesem Begriff versteht man die Bereitschaft, die steuerlichen Vorschriften einzuhalten. Im Monatsbericht 06/2004 des Bundesministeriums der Finanzen wurde festgestellt, dass man den Bürger motivieren sollte, die Steuergesetze einzuhalten. Als Mittel zum Ziel sollte sich die Finanzverwaltung verstärkt an den Bedürfnissen der Steuerpflichtigen orientieren (Servicemanagement), zugleich aber auch ein Risikomanagement einführen, welches auf Verstöße gegen die Steuergesetzgebung hinweist.

Literatur

1. Sieberth, J. & Munzel, M. (2011). E-Bilanz und SAP®, Optimus Verlag (S. 41 ff).
2. Viskorf, S. & Haag, M. (2011). Bericht zum 6. Münchener Unternehmenssteuerforum: „Die E-Bilanz kommt 2012". In *Deutsches Steuerrecht Beihefter zu 48/2011*.
3. Geberth, G. & Burlein, H. (2011). E-Bilanz – Das Einführungsschreiben, die Taxonomie und der FAQ sind veröffentlicht. In *Deutsches Steuerrecht*, *2011*, 2013–2017.
4. Herzig, N. (2010). Tax Accounting zwischen BilMoG und E-Bilanz. *Deutsches Steuerrecht Heft*, *37*(2010), 1900–1907.
5. Jansen, & Polka. (2011). Die neue E-Bilanz, (Hrsg.) Haufe aktuell (1. Aufl., S. 74–118). Planegg/München.

Chancen bei der E-Bilanz

6

Durch die Einführung der elektronischen Bilanz verändert sich im Anfangszeitraum sehr viel im Buchhaltungsgeschehen des Unternehmens. Es fallen Kosten zur Umstellung von Papierform auf einen Datenferntransfer an. Obgleich die elektronische Bilanz im Anfangsstadium einige Hemmnisse darstellt, bietet sie zugleich auch Chancen für Unternehmen und Finanzverwaltung.

Die schon in den Zielen der elektronischen Bilanz angesprochene medienbruchfreie Bearbeitung bietet in Zukunft eine sorgfältigere Verarbeitung der erstellten oder empfangenen Daten. Medienbruchfrei wird im Zusammenhang mit der Minimierung des Fehlerpotenzials erwähnt. Eine direkte Übertragung in das Datenverarbeitungssystem schließt Übertragungsfehler durch die manuelle Eingabe aus. Zwar werden so Übertragungsfehler verhindert, jedoch gilt es weiterhin, bei der Erhebung der Daten äußerste Vorsicht walten zu lassen, da mit dem Wegfall der manuellen Eintragung der übermittelten Daten auch eine mögliche Kontrollstation im internen Bearbeitungsverfahren entfällt.

Auch den Unternehmen bietet sich die Chance, ihre internen Vertriebsabläufe strukturell zu verbessern. In Zukunft könnten immer mehr Adressaten der Buchhaltung auf XBRL-fähige Schnittstellen aufrüsten. Der Wegfall von Konvertierungen beschleunigt dann die interne Bearbeitung und Weitergabe der Daten und trägt somit zu einem effizienteren Nutzen der Ressourcen im Unternehmen bei.

Bereits in der elektronischen Bilanz erhobene Daten könnten, sofern die Softwarehäuser dies vorsehen, direkt in die elektronische Steuererklärung übernommen werden. Es bedarf damit keiner manuellen Übertragung der Daten oder einer Doppelerfassung von Daten. Mittlere und große Unternehmen, für die es sich lohnen könnte eine steuerliche Buchführung einzuführen, können ihr Steuerveranlagungsverfahren weiter optimieren. Die aus der steuerlichen Buchführung abgeleiteten Werte könnten in ein Berechnungstool einfließen, welches etwa zu zahlende Steuern noch verlässlicher vorkalkulieren und somit einen besseren ersten Trend für die Steuererklärung geben kann. Ungeachtet, ob die Steuerpflichtigen von letzterem Erwähnten Gebrauch machen, steht ihnen eine Ansammlung an Daten zur Verfügung, welche automatisiert ausgewertet und verarbeitet werden kann.

B. Feindt, N. Johannsen, *E-Bilanz*, DOI 10.1007/978-3-8349-3829-9_6,
© Gabler Verlag | Springer Fachmedien Wiesbaden 2012

Einige Unternehmen streben, teils aus Kostengründen, teils um überörtliche Zusammenarbeit zu ermöglichen, bereits das papierlose Büro an. Die auf Papier basierenden Arbeitsprozesse müssen auf eine Client-Server-Struktur übertragen werden. Um dies zu erreichen bedarf es auch der Unterstützung des Staates, welcher in der Lage ist die rechtlichen Grundlagen dementsprechend zu ändern. Die elektronische Bilanz ist ein weiterer Baustein der Maxime „Elektronik statt Papier", welche mit dem Gedanken des papierlosen Büros harmoniert.

Eine Überprüfung der aktuellen Buchungsvorgänge im Unternehmen, wie sie zwangsläufig erforderlich ist, kann zur Optimierung der Ressourcen im Unternehmen beitragen. Langjährig verwendete Buchungsrichtlinien werden überprüft und redundante Buchungswege möglicherweise aufgedeckt. Zur Optimierung der Arbeitsvorgänge im Unternehmen können solche unnötigen Buchungsvorgänge annulliert und angepasst werden. Für Unternehmen kann also die Prozessoptimierung des Rechnungswesens und bei nicht anschlussgeprüften Unternehmen auch die Verringerung der Risikoklasseneinstufung das größte Potenzial bei der Einführung der elektronischen Bilanz bedeuten.

Die größte Chance für die Finanzverwaltung liegt in dem verbesserten Einblick in die Bilanz der Unternehmen. Die daraus resultierenden, bereits erwähnten Vorteile des Risikomanagementsystems und des sich aus den Prüfalgorithmen geplant ergebenden automatisch erstellten Steuerbescheids beinhalten Einsparpotenziale im Bereich Personal oder die Optimierung des Personaleinsatzes bei Veranlagung und Prüfung auf weniger Unternehmen. Andererseits führen die erhöhten Berichtspflichten zunächst zu einem wesentlich erhöhten Datenaufkommen, und es zum aktuellen Zeitpunkt keinesfalls sichergestellt, dass eine erhöhte Datenmenge auch zu einem besseren Informationsstand führt. Die Praxis muss zeigen, ob die Datenansammlungen eine genügend hohe Qualität erreichen.

6.1   Zeitnahe Betriebsprüfung

Die durch das Risikomanagementsystem gewonnenen Erkenntnisse über ein Unternehmen und dessen Leistungsverhalten im Vergleich zu anderen Unternehmen der gleichen Branche kann Aufschluss über die Notwendigkeit einer Betriebsprüfung geben. Es bietet sich dem Finanzamt die Möglichkeit, interessante Prüffälle auszuwählen. Diese Prüffälle können bevorzugt geprüft werden. Es entsteht eine Auswahl von Prüfungsunternehmen, welche zeitnah abgearbeitet werden kann. Somit ergibt sich für Unternehmen zum einen eine zeitnähere Steuersicherheit. Zinszahlungen auf Steuern im Falle eine Nachzahlung werden verringert. Die Zeitspanne, in der die Abschlussdaten zugriffsbereit vorgehalten werden müssen, verringert sich. Der Betriebsprüfer kann im Zusammenhang mit der elektronischen Bilanz seinen Arbeitsablauf optimieren. Bevor er in das zu prüfende Unternehmen kommt, kann er sich durch die elektronische Übermittlung der Daten mit dem Unternehmen befassen und aufgrund des umfangreichen Mindestumfangs einen weitreichenden Überblick über das zu prüfende Unternehmen erlangen. Führt die Finanzverwaltung eine zeitnahe Betriebsprüfung durch, können sowohl Prüfer als auch geprüftes

Unternehmen von der kurzen Zeitspanne zwischen fraglichem Sachverhalt und Zeitpunkt der Prüfung profitieren. Die Erinnerungen an den fraglichen Vorfall liegen nicht sehr weit zurück und die Chance, dass der für die Bearbeitung zuständig gewesene Mitarbeiter noch im Unternehmen ist, ist im Vergleich zu einer normalen Betriebsprüfung höher.

Dem Erreichen des Zieles einer zeitnahen Betriebsprüfung wirken auch Faktoren entgegen. Auf Seiten der Finanzbehörde besteht teilweise ein hoher Bedarf Unternehmen zu prüfen, deren Abschluss bereits mehrere Jahre zurückliegt. Für das zeitgleiche Abarbeiten der zu prüfenden Unternehmen aus der Vergangenheit auf der einen Seite sowie das zeitnahe Prüfen der aktuell angefertigten Abschlüsse von Unternehmen auf der anderen Seite fehlt es an personellen Ressourcen. Steht die Prüfung eines großen Unternehmens an, ist auch weiterhin mit einem Mehraufwand, im Vergleich zu kleineren und mittleren Unternehmen, zu rechnen, da Informationen von mehreren Betriebsstätten organisiert und zusammengeführt werden müssen.[1]

Im Risikomanagementsystem werden die Unternehmen mit branchengleichen Unternehmen verglichen. Es lassen sich so Abweichungen feststellen, doch ist in einigen Fällen die Abweichung durch Argumente zu begründen, welche das Unternehmen trotz Abweichung wiederum für eine Betriebsprüfung uninteressant werden lassen. Mögliche Ursachen für eine Abweichung wären besondere, infrastrukturelle Gegebenheiten oder schlicht eine inkorrekte Befüllung von Positionen der Taxonomie. Letzteres ist möglich, da im Zuge der Übermittlung die Datensätze auf ihre inhaltliche Vollständigkeit überprüft werden, aber nicht auf ihre inhaltliche Richtigkeit.

Nichtsdestotrotz wurde die Grundlage zur zeitnahen Betriebsprüfung bereits in 2011 geschaffen. Die Betriebsprüfungsordnung wurde um „§ 4a Zeitnahe Betriebsprüfung" ergänzt. Somit können Unternehmen eine zeitnahe Betriebsprüfung erfahren, welche sich auf die gegenwärtigen Besteuerungszeiträume bezieht. Notwendig ist hierfür eine Steuererklärung im Sinne des § 150 AO. Anwendung kann diese bundeseinheitliche Vorschrift erstmalig bei Außenprüfungen nach dem 1. Januar 2012 finden.[2] Hervorgehoben sei, dass die Finanzverwaltung auf die zeitnahe Prüfung zurückgreifen kann, es hierzu aber nicht verpflichtet ist. Die Finanzverwaltung kann Unternehmen bestimmen, die einer solchen Prüfung unterzogen werden. Eine dementsprechende Meldung über das ausgewählte Unternehmen ist bei dem Bundeszentralamt für Steuern umgehend vorzunehmen. Am Ende einer zeitnahen Betriebsprüfung steht, wie auch bei einer normalen Betriebsprüfung, die Anfertigung eines Prüfberichtes oder einer Mitteilung über die ergebnislose Prüfung.

Unternehmen können bei der zuständigen Finanzverwaltung auf freiwilliger Basis einen Antrag zur zeitnahen Betriebsprüfung stellen. Ob diesem nachgekommen wird liegt im Ermessen der Finanzverwaltung. Es besteht für den Antragsteller kein Rechtsanspruch auf eine zeitnahe Betriebsprüfung. Sollten Sachverhalte im Unternehmen unklar

---

[1] Vgl. (BDI-Arbeitskreis „Verfahrensrecht und Verwaltungspraxis", 2011, Reformvorschläge zur zeitnahen Betriebsprüfung).

[2] Vgl. (Bundesrat, 2011, Bundesrat-Drucksache 330/11 „Allgemeine Verwaltungsvorschrift zur Änderung der Betriebsprüfungsordnung").

sein, kann auf diesem Weg schneller eine gewisse Rechtssicherheit über diese Unklarheiten geschaffen werden.

Die zeitnahe Betriebsprüfung kann aber auch eine Belastung für das Unternehmen darstellen. Bei einer jährlichen Betriebsprüfung würde die Arbeit mit dem Betriebsprüfer erheblich öfter im Vergleich zu vorher anfallen und so den normalen Geschäftsbetrieb irritieren. Ein von der Oberfinanzdirektion Hannover veröffentlichter Leitfaden zur zeitnahen Betriebsprüfung zählt unter anderem Punkte auf, wie Unternehmen aktiv bei einer zeitnahen Betriebsprüfung mitwirken sollten. Beginnend bei einem handlungsbefugten Ansprechpartner im geprüften Unternehmen über einer steuerlichen Selbstauskunft des Unternehmens, bis hin zum uneingeschränkten Datenzugriff auf Daten der Buchhaltung, die über den zu prüfenden Zeitraum hinaus gehen, ist die Wunschliste des Finanzamts an die Unternehmen lang.

6.2 Gleichmäßige und transparente Besteuerung

Die Komplexität des deutschen Steuersystems ist enorm. Steuergerechtigkeit wird nur dann erreicht, wenn alle Unternehmen anhand ihrer tatsächlichen Geschäftsvorfälle besteuert werden und nicht nach dem an das Finanzamt (überwiegend im besten Glauben) berichteten Gewinn. Die E-Bilanz mit ihren erhöhten Informationspflichten stellt nur die Auswirkung des Steuersystems dar – sie selbst schafft keinen einzigen neuen Steuertatbestand. Wer nach Vereinfachung ruft, sollte nicht erst beim Bericht an das Finanzamt ansetzen, sondern bereits bei den Vorschriften, welche die Ursache der Berichtspflicht darstellen.

Die Finanzverwaltung erhofft sich durch die Verwendung von Risikomanagementsystemen im Steuervollzugsverfahren eine gleichmäßige Besteuerung der Unternehmen zu erreichen. Geht ein Steuerfall bei der Finanzverwaltung ein, wird dieser durch das Risikomanagement geprüft. Besteht er diese Prüfung, sollte ein entsprechender Steuerbescheid vollautomatisch ausgestellt werden können. Der Bescheid führt bei der anzahlmäßig überwiegenden Anzahl von Unternehmen zu einer früheren Rechtssicherheit. Ein effizienterer Einsatz der Kapazitäten der Finanzverwaltung kann erreicht werden. Auf diesem Weg erstellte Steuerbescheide sollen zu einer gleichmäßigen und wirtschaftlichen Besteuerung führen. An der Schaffung von technischen Möglichkeiten zur Erstellung eines vollautomatischen Steuerbescheides arbeite das Vorhaben KONSENS derzeit. Im Zusammenhang mit einem Risikomanagementsystem soll dies möglich werden.[3]

6.3 Zugriff von Kreditinstituten auf XBRL-Daten

Ein Zugriff von Kreditinstituten auf die elektronische Bilanz ist eine wünschenswerte Verknüpfung im Geschäftsalltag. Der in Österreich bereits etablierte Vorgang zur Vereinfachung der Kommunikation von Unternehmen und Kreditinstitut besitzt auch Zukunft

---

[3] Vgl. Bundesministerium der Finanzen, Monatsbericht Juni 2011, Vorhaben KONSENS.

in Deutschland. Es ist mit einer Erleichterung auf beiden Seiten zu rechnen. Die Steuerbe-
ratersoftware DATEV eG bietet bereits eine strukturierte elektronische Übermittlung von
Bilanzdaten an die Deutsche Bank und an Genossenschaftsbanken an.[4]

Die Autoren gehen davon aus, dass auch andere Softwarehäuser und Kreditinstitute
in absehbarer Zeit elektronische Schnittstellen zur medienbruchfreien Kommunikation
von Kundendaten bereithalten werden. Die Unternehmen könnten die zur Bonitätsbewertung benötigten Dokumente, zu welchen auch die Bilanz gehört, ohne wesentlichen
Mehraufwand elektronisch an das Kreditinstitut versenden. Im Unternehmen sind diese
Daten spätestens mit der Einführung der E-Bilanz bereits im XBRL-Format vorhanden, es
bedarf keiner erneuten Aufbereitung der Daten für das Kreditinstitut. Die Übermittlung
sollte über eine gesicherte Verbindung von Unternehmen zum Kreditinstitut erfolgen. Im
Vergleich zu einer papierbasierten Übermittlung bietet die elektronische Übermittlung
einen deutlichen Geschwindigkeitsvorteil. Auch ist die Kommunikation bei einer unzu-
reichenden Übermittlung von Daten schneller als bei einer Übermittlung in Papierform.
Kosten für Papier, Porto und Kopien der Dokumente entfallen bei einer elektronischen
Übermittlung.

Für die Übermittlung der Daten sollten hohe Sicherheitsanforderungen an den Über-
mittlungsweg gestellt werden. Verschiedene Verfahren stehen hier zur Auswahl. In Österreich entschied man sich dafür, die Datenübermittlung über die Österreichische Kontrollbank AG (OeKB) als neutrale Zwischenstelle abzuwickeln.

Die Kreditinstitute als Empfänger können durch die Schaffung einer mit dem XBRL-
Format kompatiblen Schnittstelle die Daten per DFÜ empfangen. Anschließend können
diese in das interne Datenverarbeitungssystem des Kreditinstitutes eingespeist werden. Es
entfällt im Arbeitsfluss die manuelle Annahme und Übertragung der Daten in das Datenverarbeitungssystem des Kreditinstitutes. Diese Prozessverkürzung reduziert das Fehler-
potenzial der angenommenen Daten. Die Bearbeitung des Falles im Kreditinstitut kann,
falls nötig, elektronisch an den zuständigen Sachbearbeiter weitergereicht werden.

Nicht nur die Finanzverwaltung könnte die eingegangen Daten in einem Risikomanagementsystem prüfen, um diese mit einer entsprechenden Risikostufe zu beziffern. Auch
Kreditinstitute könnten in ihre bestehende Software einen Prüfalgorithmus implementieren. Dieser kann die elektronisch eingegangenen Daten durch rechnerische Vergleiche
voranalysieren. Ein erster Eindruck über den wirtschaftlichen Zustand des Unternehmens
könnte damit automatisiert gewonnen werden. Die verwendeten Prüfroutinen könnten
unter Berücksichtigung des Eigenkapitalanteils, der Verbindlichkeiten und Forderungen
sowie den ausgefallenen Forderungen eine erste Einstufung des Unternehmens vorneh-
men und eine Bonitätskategorie vorschlagen.

---

[4] Vgl. DATEV eG, 2008, Elektronische Übermittlung von Jahresabschlussdaten – Übersicht der verschiedenen Möglichkeiten (EHUG, Banken, Verbände), Dok.-Nr.: 1080068 vom 18.1.2008.

Wie geht es im Ausland

7

Das Ziel, die IKT intensiver in den Geschäftsalltag zu implementieren, besteht nicht nur in Deutschland. Auch einige Wirtschaftspartner Deutschlands beschäftigen sich mit Projekten, wie unter anderem der elektronischen Übermittlung von Jahresabschlussdaten. Deutschland ist in Sachen elektronische Bilanz auf internationaler Ebene in keiner Vorreiterrolle. Die USA, Großbritannien oder Japan bewegen sich bereits auch auf diesem Gebiet. Doch nicht nur entfernte Handelspartner bereiten sich auf die elektronische Bilanz vor, auch direkte Nachbarländer von Deutschland haben sich bereits mit dem Thema elektronische Bilanz auseinandergesetzt. Zu diesen gehören unter anderem die Niederlande, Österreich und Dänemark, wobei auf wir auf die beiden letztgenannten Nachbarstaaten im Folgenden näher eingehen werden.

7.1 Österreich

Der in Deutschland nun begonnene Weg der elektronischen Bilanz ist in Österreich bereits gegangen worden. Auch die Umsatzsteuervoranmeldung ist dort von Unternehmen monatlich in elektronischer Form an die Finanzbehörde zu übermitteln. Ist der Vorjahresumsatz nicht größer als 100.000 €, so ist die Umsatzsteuervoranmeldung vierteljährlich zu übermitteln.[1] In Österreich ist es wichtig, zwischen den Anforderungen der Finanzverwaltung und des Firmenbuchgerichts an die einzureichenden Unterlagen zu unterscheiden.

Der Jahresabschluss von Kapitalgesellschaften ist bereits seit dem Wirtschaftsjahr 2007 gemäß § 277 Abs. 6 UGB elektronisch an das Firmenbuch zu übermitteln.[2] Es ergibt sich eine Wahlrecht, wonach Kapitalgesellschaften, deren Umsatz im vergangen Wirtschaftsjahr nicht über 70.000 € gelegen hat, ihren Jahresabschluss entweder in Papierform oder in elektronischer Form übermitteln können. Für die Übermittelung des Jahresabschlusses

---

[1] Vgl. (Wirtschaftskammern Österreichs, 2012 „Die Umsatzsteuervoranmeldung (UVA)", Stand Januar 2012).

[2] § 29 FBG.

an das Firmenbuchgericht wird das Internetportal „FinanzOnline" bereitgestellt. Unternehmen können den Jahresabschluss mit Hilfe eines Wirtschaftstreuhänders, eines Notars, eines Rechtsanwaltes oder aber auch eigenständig übermitteln. Zusätzlich wird einen Austausch des Datensatzes durch das Dienstleistungsportal „Elektronischer Rechtsverkehr der Justiz" (webERV) ermöglicht. Zur Nutzung der Portale sind von den Kapitalgesellschaften einige Voraussetzungen zu gewährleisten, um an diesen Übermittlungsverfahren partizipieren zu können. Es ist eine Registrierung des Unternehmens bei dem jeweiligen Portal erforderlich sowie die Bevollmächtigung der Justiz zur Abbuchung. Im Falle des webERV ist eine Buchführungssoftware zu verwenden, die eine kompatible XML-Format Schnittstelle aufweist und auch in der Lage ist, Dateien in diesem Format zu erzeugen. Die Übermittlung des Jahresabschlusses an das Firmenbuch ist nur für Kapitalgesellschaften mittels DFÜ möglich.[3]

Die Einreichung des Jahresabschlusses bei dem Finanzamt ist nicht zwingend elektronisch vorzunehmen. Die Einreichung kann auf freiwilliger Basis vorgenommen werden. Das stellt auch gewisse Anforderungen an das Unternehmen. Bei Einreichung eines elektronischen Jahresabschlusses ist zwingend das vorgegebene Formular des Finanzamts zu verwenden. Dieses bemisst sich an der Gliederungstiefe einer Kapitalgesellschaft. Insbesondere Einzelunternehmen und Personengesellschaften sind von einem Mehraufwand betroffen. Das vorgegebene Formular fordert detailliertere Angaben, als sich nach UGB ergeben.[4] Individuelle Posten der Buchführung sind nicht für die Übermittlung vorgesehen. Es bestehen für sämtliche Anhänge zur elektronischen Bilanz keine Formvorschriften. Sie sind nach einer Erstellung im PDF-Format an die Finanzbehörde zu übermitteln. Der Datensatz der elektronischen Bilanz kann über das Portal „FinanzOnline" an die Finanzbehörde übermittelt werden. Ob dies manuell geschieht, oder direkt durch die Bilanzsoftware im Unternehmen ausgeführt wird, bleibt dem Unternehmen selbst überlassen. Ähnlich dem Vorgang in Deutschland wird der übermittelte Datensatz einer umfangreichen Prüfung unterzogen. Kommt es im Laufe der einzelnen Prüfpunkte zu einem Nichtbestehen eines Prüfkriteriums, wird dem Unternehmen ein Prüfprotokoll zugetragen und die Übermittlung des Datensatzes an das Finanzamt schlägt fehl. Für das Unternehmen ist das Prüfungsprotokoll im Postfach des verwendetet Accounts einzusehen. Eine fest vorgeschriebene Taxonomie ist vom österreichischen Gesetzgeber nicht vorgeschrieben, der Mindestumfang ergibt sich aus den §§ 224, 231 UGB. In Kombination mit der Vermeidung einer Pflicht zur Abgabe einer elektronischen Bilanz soll ein tiefer Eingriff in das interne Buchungsverhalten der Unternehmen vermieden werden.

Auch eine Bereitstellung der Daten für nicht staatliche Bedürfnisse ist in Österreich bereits vorangeschritten. Kreditinstitute sind auf einen zu optimierenden Punkt in ihrem Geschäftsalltag aufmerksam geworden. Zur Ermittlung der Bonität eines Unternehmens

---

[3] Vgl. (Bundesministerium für Justiz, 2012, Unternehmensserviceportal Österreich, „Firmenbuch – Bilanzveröffentlichung").

[4] Vgl. (Wirtschaftskammern Österreichs, 2011, Die elektronische Bilanz) http://portal.wko.at/wk/ format_detail.wk?angid=1&stid=456402&dstid=0&titel=Die%2Celektronische%2CBilanz.

werden die Jahresabschlüsse in die Kalkulation einbezogen. Teilweise und insbesondere bei Kapitalgesellschaften, welche zur Übermittlung des Jahresabschluss im elektronischen Format an das Firmenbuch verpflichtet sind, ist der Jahresabschluss im elektronischen Format vorhanden. Es bedarf keiner aufwendigen Aufbereitung der Daten zum Datenfernaustausch. Banken öffnen sich für diese Schnittstelle, um eine manuelle Eingabe der Daten soweit es möglich ist, abzuwenden. Mögliche Fehlerquellen im Zuge der Weiterverarbeitung der eingegangen Daten im Kreditinstitut werden umgangen. Als Dienstleister für die Übermittlung der Daten fungiert hier die OeKB, welche ein System zur Übertragung entwickelt hat. Eine den Sicherheitsstandards entsprechende Übertragung wird gewährleistet.

Im Detail funktioniert die Übermittlung vom Unternehmen an das gewünschte Kreditinstitut wie folgt. Das Unternehmen wendet sich an den zuständigen Wirtschaftstreuhänder und teilt diesem mit, welche Kreditinstitute als Empfänger benannt werden sollen. Dieser kann den Jahresabschluss des Mandanten über das Rechenzentrum der OeKB an die Kreditinstitute weiterleiten. Der Wirtschaftstreuhänder muss sich hierfür bei der OeKB registriert haben.[5] Nachdem sich der Wirtschaftstreuhänder beim Online-Portal der OeKB angemeldet hat, kann dieser den Jahresabschluss des Mandanten in einem virtuellen Postfach der OeKB deponieren, auf welches nur die Kreditinstitute Zugriff haben, welche vorher vom antragsstellenden Unternehmen ermächtigt wurde, die Daten einzusehen. Das empfangsberechtigte Kreditinstitut speist die empfangenen Daten aus dem Postfach in die interne Software ein, bereitet bei Bedarf die Daten auf und beginnt mit der Auswertung, um zu einer Ratingstufe zu gelangen. In Österreich findet eine Rückmeldung auf elektronischem Wege, direkt an den Steuerberater oder Wirtschaftsprüfer des Antragsstellers, statt. Dieser erhält eine Auswertung der eingereichten Jahresabschlüsse, sowie einen Bericht über die Bonitätsbewertung des Unternehmens.[6]

Praktisch ist ein solches Verfahren auch in der Hinsicht, dass die Daten mehrfach verwendet werden können. Die Daten werden nur einmal eingereicht und durch die Möglichkeit, mehrere Kreditinstitute als Empfänger zu benennen, greifen alle Empfänger auf die gleichen Daten zu.

In Österreich können Unternehmen in Kooperation mit ihrem Steuerberater oder Wirtschaftsprüfer seit August 2009 auf den eBT zurückgreifen. Zahlreiche Banken partizipieren an diesem Verfahren. Welche Banken genau teilnehmen, kann auf der Internetpräsenz der OeKB entnommen werden.

---

[5] Vgl. (Österreichische Kontrollbank AG, Bilanz Transfers, Service für Wirtschaftstreuhänder, Anbindung und Registrierung) http://www.oekb.at/de/kapitalmarkt/services-a-z/bilanz-transfer/wirtschaftstreuhaender/Seiten/anbindung-registrierung.aspx.

[6] Vgl. (Brenner, F., und Panzenböck, P. eBT – elektronischer Bilanzversand an Banken) http://www.wko.at/ubit/bibug/elektronischer-Bilanz-Transfer.pdf.

7.2 Dänemark

Deutschlands direkter Nachbar im Norden hat sich bereits auch für eine elektronische Annahme von Jahresabschlüssen bereiterklärt.

In Dänemark sind alle privaten und öffentlichen Unternehmen mit beschränkter Haftung sowie alle anderen Unternehmen mit beschränkter Haftung, Unternehmen bei denen
Personen persönlich haften und Aktiengesellschaften, zur Erstellung eines Jahresabschlusses verpflichtet. Einem Einzelunternehmen ist es freigestellt, ob es einen Jahresabschluss
erstellen will. Wie auch in Deutschland sieht das dänische Recht Erleichterungen für kleine
Unternehmen vor. Mit zunehmender Größe des Unternehmens und einem Anstieg der
Bedeutung, erhöht sich der zu übermittelnde Umfang. In Dänemark werden Unternehmen in bestimmte Berichtsgruppen („byggeklodsmodellen") eingeteilt, nach welcher sich
der zu berichtende Umfang richtet. So umfasst die Berichtsgruppe A alle persönlich haftenden Unternehmen, welche verpflichtet sind, einen Jahresabschluss gemäß §§ 18 bis 21
Årsregnskabsloven zu erstellen. Die Berichtsgruppe B beinhaltet kleine Unternehmen mit
beschränkter Haftung. Als Richtwert für diese Berichtsgruppe sind folgende Werte maß-
gebend:

- Bilanzsumme max. 36 Mio. Dkr
- Nettoumsätze von max. 72 Mio. dkr und
- max. 50 Angestellte.

Der Umfang der zu berichtenden Daten wird im §§ 22 bis 77 Årsregnskabsloven definiert.
Mittlere- und große Unternehmen teilen sich die Berichtsgruppe C. Ein Unternehmen gilt
als mittelgroß, wenn die Bilanzsumme zwischen 36 und 143 Mio. dkr, die Nettoumsätze
zwischen 72 und 286 Mio. dkr und/oder die Zahl der Beschäftigten zwischen 50 und 250
liegt. Bei einer Überschreitung von zwei der voran genannten Werte in zwei aufeinander-
folgenden Jahren ist das Unternehmen als groß anzusehen. §§ 78 bis 101 Årsregnskabsloven definiert den zu berichtenden Umfang. Börsennotierte und staatliche Unternehmen
der Berichtsgruppe D müssen eine Bilanz erstellen. Als Bedingung zur Zugehörigkeit des
Unternehmens zur Berichtsgruppe D wird die Verwendung des IFRS-Standards für den
Konzernabschluss aufgeführt. Den in den §§ 102 bis 108 Årsregnskabsloven definierten
Vorschriften zum Umfang ist nachzukommen. Definiert wird für die einzelnen Berichtsgruppen aber nur der Mindestumfang. Es ist also zulässig, auf freiwilliger Basis, einen detaillierteren Jahresabschluss einzureichen, wie in der Årsregnskabsloven gefordert wird. Es
kann ein Unternehmen der Berichtsgruppe A auch nach den Kriterien der Berichtsgruppe
B und C einen Jahresabschluss erstellen sowie ein Unternehmen der Berichtsgruppe B
einen Jahresabschluss nach den Kriterien der Berichtsgruppe C erstellen kann. Hat sich
das Unternehmen einmal für die Verwendung der Kriterien einer höheren Berichtsklasse
entschlossen, kann es in den folgenden Jahren nicht zu den Bedingungen einer niedri-

geren Berichtsgruppe wechseln.[7] Angenommen ein Unternehmen der Berichtsgruppe B entscheidet sich freiwillig für die Verwendung der Bilanzkriterien der Berichtsgruppe C im Jahr 2010. Ein Wechsel in die Berichtsgruppe B ist in der Zukunft nie mehr möglich, nur noch der Wechsel von Berichtsgruppe C in Berichtsgruppe D könnte vorgenommen werden.

Der anzufertigende Jahresabschluss muss innerhalb von fünf Monaten nach Ende des Geschäftsjahres, bei der dänischen „Commerce and Companies Agency" eingehen. Für die Berichtsgruppe D gilt ein Zeitfenster von vier Monaten für die Einreichung.[8] Das Mutterunternehmen einer großen Gruppe hat einen konsolidierten Jahresabschluss vorzubereiten, welcher die Gruppe als Ganzes behandelt. Werden im Konzernverbund nicht mehr als zwei der folgenden Werte an zwei aufeinander folgenden Bilanzstichtagen überschritten, so besteht keine Verpflichtung einen konsolidierten Jahresabschluss zu erstellen:

- die Bilanzsumme beträgt 36 Mio. dkr,
- der Nettoumsatz beträgt 72 Mio. dkr,
- durchschnittlich wurden 50 Mitarbeiter im Jahr beschäftigt.

Ein ausländisches Unternehmen mit Sitz in Dänemark, kann einen Abschluss in nicht dänischer Sprache vorlegen. Die Commerce and Companies Agency kann bei Bedarf die Vorlage eines beglaubigt übersetzten Jahresabschlusses anordnen.[9]

Wird der Jahresabschluss nicht innerhalb der vorgesehenen Frist eingereicht, so können Bußgelder festgesetzt werden. Erfolgt die Einreichung auch nicht innerhalb der Nachfrist, so kann das Unternehmen umgehend und ohne großen Aufwand aus dem dänischen Handelsregister gelöscht werden.[10]

Für die elektronische Übermittlung des Jahresabschlusses wird, wie auch in Deutschland, eine Taxonomie bereitgestellt, welche bei DFÜ zwingend zu verwenden ist. Das vorgegebene Übermittlungsformat ist das unter anderem in Deutschland zu verwendende XBRL-Format. Auch ist der Kontenplan des Unternehmens mit den Positionen der Taxonomie zu „mappen". Abweichungen von der vorgegebenen Taxonomie, hervorgerufen durch individuelle Erweiterungen, sind nicht gewollt und werden auch nicht akzeptiert. Gewünschte Ergänzungen zu bestimmten Positionen der Taxonomie können im dafür vorgesehenen Feld „Kontext" hinzugefügt werden. Informationen über Währung, Messverfahren, Berichtszeitraum, Vorjahresvergleich können im Kontextfeld gewünscht sein.

---

[7] Vgl. (Regnskabsportal, Regnskabsklasser) http://www.regnskabsportal.dk/V-menu/regnskabsklasser.shtml.Zugegriffen: 03. Januar 2012.

[8] Vgl. Part X Chap. 19. 138 (1) Årsregnskabsloven.

[9] Vgl. (Erhvervs- og Selskabsstyrelsen, 2011, „Kravene til indsendte Årsrapport"). Zugegriffen: 23. Dezember 2011.

[10] Vgl. (KPMG, 2010/11 5. udgave, Indsigt i årsregnskabsloven, Kap. 7.40 Indsendelsesregler og frister, 40.3 For sen indsendelse).

Positionen in der Taxonomie, die nicht befüllt wurden, werden im späteren Jahresabschluss auch nicht angezeigt.

Die XBRL-Taxonomie besteht in Dänemark aus sechs Modulen. Zum einen aus einem XML-Datensatz, in welchen die Daten des Rechnungswesens eingespeist werden können, und aus fünf weiteren „linkbaser" (Verknüpfungsmodulen). Eines von ihnen ist das Label-linkbasen, welches, vergleichbar mit dem GCD-Modul, Angaben zu den Stammdaten des Unternehmens enthält. Das Commerce and Companies Agency hält Labellinkbasen bereit, worin sowohl dänische, wie auch englische Bezeichnungen zu den einzelnen Positionen der Taxonomie vermerkt sind. Durch das „Definitions-Linkbasen" werden die Beziehungen innerhalb der Taxonomiedatei geregelt. Elemente der Buchhaltung werden also den technischen Werten der Taxonomie zugewiesen. „Reference-L inkbasen" definiert, wo zusätzliche Buchungspositionen in der Taxonomie zu finden sind. Das „calculations-linkbasen" gibt Anweisungen zu den Rechenvorgängen in der Taxonomie, sprich ob Positionen addiert werden sollen, oder ob bestimmte Werte negativ/positiv sein können oder müssen. Zur Definition, wie die Daten dem Benutzer visualisiert werden sollen, also in welcher Reihenfolge die Daten zur Veranschaulichung verwendet werden sollen, ist die „presentation-linkbasen" vorgesehen.[11]

Mit dem vom Parlament am 7. April 2011 verabschiedeten Gesetzt zur digitalen Kommunikation wird die elektronische Übermittlung von Jahresabschlüssen angeordnet. Gestaffelt nach den verschiedenen Berichtsgruppen sind unterschiedliche erstmalige Anwendungszeitpunkte festgesetzt, um den Einstieg in eine elektronische Übermittlung der Jahresabschlüsse zu erleichtern. Die Berichtsgruppe B hat erstmals für Jahresabschlüsse ab dem 31. Januar 2012 die elektronische Übermittlung vorzunehmen. Dies bedeutet unter Berücksichtigung der fünf monatigen Einsendefrist für Jahresabschlüsse eine elektronische Übermittlung zum 30. Juni 2012 und später.

Unternehmen der Berichtsgruppe C müssen ab dem Bilanzstichtag 31. Juli 2012 den Jahresabschluss in elektronischer Form übermitteln. Auch hier hat unter der Berücksichtigung der fünf monatigen Einsendefrist eine elektronische Übermittlung spätestens zum 31. Dezember 2012 zu erfolgen.

Bei den Unternehmen der Berichtsgruppe D findet das Gesetzt zur elektronischen Übermittlung des Jahresabschlusses erstmals zum 31. August 2012 Anwendung. Da für die Berichtsgruppe D nur eine vier monatige Einsendefrist gilt, haben auch diese spätestens zum 31. Dezember 2012 ihren Jahresabschluss elektronisch zu übermitteln.[12]

---

[11] Vgl. (Virk.dk Hent taksonomi.) http://archprod.service.eogs.dk/xbrl/faces/context/GetTaxonomi. jsp. Zugegriffen: 22. Dezember 2011.

[12] Vgl. (Erhvervsstyrelsen, 19–01-2012, „Nu skal danske virksomheder snart indsende årsrapporten digital") http://www.eogs.dk/sw69484.asp.Zugegriffen: 23. Januar 2012.

The manufacturer's authorised representative in the EU is Springer
Nature Customer Service Centre GmbH, Europaplatz 3, 69115 Heidelberg,
Germany. If you have any concerns regarding our products, please
contact ProductSafety@springernature.com

Printed and bound by CPI Group (UK) Ltd, Croydon, CR0 4YY
28/04/2026
02098481-0014